NURAY SAYARI

İÇİNDEKİ GÜCÜN SIRRINI KEŞFET

İÇİNDEKİ GÜCÜN SIRRINI KEŞFET / Nuray SAYARI

DESTEK YAYINEVİ: 84
KİŞİSEL GELİŞİM: 13
Genel Yayın Yönetmeni: Ertürk AKŞUN
Yayına Hazırlayan: Yelda CUMALIOĞLU
Editör: Melisa Ceren HASMADEN
Teknik Hazırlık: Esma ÇERÇİL
Kapak: Fikirhane
39. Baskı: Eylül 2011
Yayıncı Sertifika No: 13226
ISBN 978-9944-298-81-0

İnönü Cad. 33/4 Gümüşsuyu
Beyoğlu / İstanbul
Tel : (0212) 252 22 42
Fax : (0212) 252 22 43
www.destekyayinlari.com
info@destekyayinlari.com

İnkilap Yayın Sanayi ve Tic. A.Ş
Çobançeşme Mah. Altay Sk. No:8 Yenibosna-Bahçelievler İSTANBUL
Tel: (0 212) 496 11 11

NURAY SAYARI

İÇİNDEKİ GÜCÜN SIRRINI KEŞFET

Nuray Sayarı yaklaşık 20 yıldır, profesyonel olarak astroloji bilimi ile ilgilenmektedir. Gençlik yıllarından itibaren metafiziğe ve doğa üstü güçlere olan ilgisi, güçlü sezgisi sayesinde yaptığı önemli kehanetleri, kendisini Türkiye'nin gündemine taşımıştır.

Astroloji ve tarot bilimi ile başlayan bu süreç, yıllar içinde kendisini yeni arayışlara ve çözümlemeleri bulmaya sürüklemiştir. Nuray Sayarı geçirdiği bu olgunlaşma sürecinde düşünce gücünün insan hayatındaki önemine ve evrendeki her maddenin bir enerji taşıdığına inanmıştır. Kişilerin sahip oldukları bu enerjiyi doğru kullanmaları ve şifa bulmaları için Nuray Sayarı bir yol göstericidir. İyi enerjiye olan inancı ile kişilere mutluluk, sağlık, bolluk ve bereketin kapılarını açmayı öğreterek, pozitif kişiliği sayesinde onlara destek olmaktadır. Kendisinde varolan sezgi gücünün kuvvetini bu kapıları açarken de kullanmaktadır. Bu sezgiler ışığnda kişinin problemi bazen Reiki çalışmaları ile, bazen de geçmişe yapılan bir regresyon çalışması ile çözümlenir...

İçimizdeki gücün farkındalığı yolunda
bize ilham veren Nuray SAYARI'YA teşekkür ederiz.

Yelda CUMALIOĞLU
Destek Yayınevi

"Dinleyin, size korkunç bir şey söyleyeceğim; ben on üç yıldan bugüne kadar, bireysel yaşamımda ve iş yaşamımda hep yardım aldığım bu müthiş insanı seviyorum."

Hunberk KANIBELLİ
Mimar ve İş adamı

"Sevgili Nuray Sayarı... Benim biricik can dostum ve arkadaşım. Allah'ın yarattığı özel ve güzel kullarından bir tanesi. Gerek pozitif enerjisi gerekse sezgileri ve astrolojideki öngörüsüyle, her zaman rehberim oldu. Seni seviyorum. Sana teşekkür ediyorum. İyi ki varsın. İyi ki tanıdım seni..."

Aslı HÜNEL
Sanatçı

"Benim anlatmak istediklerime kelimeler kifayetsiz kalır. Fakat kısaca ifade etmek gerekirse, on yıl önce ilkbaharda Nuray Sayarı'yı tanıdıktan sonra ruhen ve bedenen yeniden doğdum. Hayatım tümüyle değişti. Her zaman söyledim, söylüyorum ve söylemeye devam edeceğim; Allah'ın dünyaya gönderdiği sayılı meleklerinden birisi Nuray Sayarı. İyi ki hayatındayım. İyi ki

hayatımdasın Can Ablacım, seni çok seviyorum."

Senin verdiğin isimle: Hilal
yani Zahide KARAKÜTÜK
Asistanı

"Nuray'ı yaklaşık on beş senedir tanıyorum. Yıllar içerisinde yaptığı işin ne kadar doğru olduğunu, insan gerçekten isterse başaramayacağı hiçbir şeyin olamadığını kanıtladı. O BİR BAŞARI ÖYKÜSÜDÜR."

Dilek GENÇ

"Nuray ile ilk tanışmamızda, sanki onu önceden tanırcasına çok fazla sevdim. Hiçbir dostun ve arkadaşın yapamayacağını yaptı benim için. Onunla tanıştıktan sonra hayata daha olumlu ve güzel bakmaya, bütün ilişkilerimde daha hoş görülü olmaya başladım. Kısaca Nuray; yol gösterici, çıkarsızca senin için, iyiliğin için çabalayan bir dost. Gerçek dost nedir? Nuray. Her konuda güveniyor ve seviyorum."

Banu ZORLU
Sanatçı

"Nuray çok sevimli, güzel, eğlenceli, bir dost. İçi dışı aynı. Bana iyi geliyor. Sahici, pozitif, tatlı dilli, hayata gülümseyen biri. İyi ki O'nu tanımışım."

Beti DANNON LENGERLI

"Nuray Sayarı hayatımın dönemeçlerinde bana rehberlik etmiş ve o güzel, olumlu enerjisini zorlukları aşmamda benden hiç eksik etmemiş, çok özel bir insandır. Kaliteli yaşamı ile bizlere hayatın zorluklarının nasıl aşılacağını (olumlu) enerjisi ile gös-

teren Nuray Sayarı'yı tanıdığım için kendimi çok şanslı hissediyorum."

Tuba KALÇIK
Yapımcı, Editör

"Nuray'ı uzun yıllar önce ilk tanıyanlardanım. O zamanlar ikimizde hayat savaşına yeni başlamıştık. Daha ilk karşılaşmamızda başlayan dostluğumuzu anlatmaya kalem yetmez. Yıllar içinde benim olmaz sandıklarımın olacağını söyleyen ve olunca da sevincimi paylaşan, acılarımda da aslan gibi yanımda duran Nuray'ıma müteşekkirim."

Binnaz AVCI
Sanatçı

"Pozitif yapınla yaşamımda, yeni ufuklar açtığın için sonsuz teşekkürler. Yolun hep açık ve aydınlık olsun."

Didem TASLAN
Oyuncu, Model

"Farklı, değerli, özel...
Nuray Sayarı!
Yolun hep açık olsun."

Rüya ATLI

"Nuray'ı tanıdığımda hayatımın belki en kötü aylarıydı, düzelebilmem çok zordu. İlaç kullanmaya başlamıştım. Nuray'la görüşmeye başladıktan sonra hayatımda farkında olmadığım, yıllardır gözümün önündeki birçok şeyin ayırdına vardım. İyisiyle kötüsüyle nasıl baş edeceğimi, O'nun yanında kendiliğinden öğrenmiştim. Birlikte içtiğimiz bir fincan kahvenin sonunda ben bambaşka, mutlu ve olumlu biri oldum. Kimse inanmadı bu

halime, ama tek gerçek vardı ben her şeyle baş etmeyi O'nunla öğrendim. Teşekkür ederim Nuray."

Nirva SAHİL

"Nuray Sayarı'yı ilk gördüğümde enerjisinden çok etkilenmiş ve adeta büyülenmiştim. Nuray'la konuşmaya başladığınızda hayatta her şeyin mümkün olduğunu ve her şeye gücünüzün yeteceğini fark ediyorsunuz. Sizi enerjisiyle pozitif bir şekilde motive ediyor. Ümitsizliğe kapıldığım, yapamayacağım dediğim anlarda O'nun desteğiyle, danışmanlığıyla tekrar güçlenip hayata devam ettim. Nuray Sayarı'dan öğrendiğim hayatta herkesin bir görevi olduğu ve herkesin imtihanı olduğu ve olan her şeyin bizim hayrımıza olduğudur. İşte bu felsefesi sayesinde her olan şeyi kabul ediyor ve öğrenerek devam ediyorum. Nuray Sayarı'nın görevi de insanlara ışık tutmak ve onlara güzel enerjisini vermek. Bende onu tanıyan şanslı insanlardanım. İyi ki tanıyorum, iyi ki hayatımdasın canım arkadaşım.

SENİ ÇOK SEVİYORUM!"

Burcu ARSLAN
Reklâmcı ve Güzellik Salonu Sahibi

"Hayatımın SWOT'unu astroloji rehberliğinde yapmama, farkındalığımın farkına varmama yardımcı olan, yaşam enerjisi müthiş yüksek, sevgi dolu gönüllü bir elçi... Sözlere sığdırmak çok zordur O'nu."

Levra SEBLA ERDOĞAN

"İş hayatımla birlikte bir birimizin maneviyatına koştuğumuz 17 sene dile kolay. Birbirimizi hiç kırmadığımız, görüşemesek de oturduğumuz mekânda kalben birbirimize gülücükler gönderdiğimiz ve birbirimizi anlattığımız, dünyada insanın nadiren sa-

hip olabileceği türden bir dostum, inci tanem Sevgili Nuray'ıma nice uzun yıllar başarı ve iş açıklığı diliyorum. Benim ruh ikizim seni çok seviyorum.

Not: Beraber büyüdüğümüz yıllarda, yılı ikimizde saklı kalsın, yıldızlarımızsa öpüşerek sevişmeye hep devam etsin."

ASENA
Oryantal Dansçı

"Farkındalığımın farkına varmamı sağlayan, hayatımda başıma gelen en özel varlık Nuray Sayarı. Bu dünyadaki özel misyonunla, pozitif enerjinle, bana olan güveninle ve ablalığınla yanımda olman, beni her zaman özel kılmakla beraber kendimi daha çok sevmemi sağlamıştır. Işığından yararlanmama izin verdiğin, benim ışığıma inandığın için minnettarım. Varlığın için her saniye şükrediyorum. Bu dünyanın görünen meleği seni çok seviyorum."

Elife YILMAZ
Radyo programcısı

"Nuray Sayarı'yı tanımak benim için ve herkes için büyük şans. Özel ve güzel, sevdiğim değerli bir insan. Çok pozitif, çevresine ışık saçan, insanları koşulsuz seven, çıkmaza girdiğinde desteğini esirgemeyen, sizleri gönül gözüyle doğru yönlendiren, gökyüzündeki kuyruklu yıldız kadar parlayan, kelimelerin yetersiz kaldığı, duygusal ve inanılmaz güzel insan. Yaşamımda çok zor dönemlerimde, önsezileriyle bana ve çevresine daima yaşama sevinci veren, kızım, kardeşim, arkadaşım ve dostum olan sevgili Nuray, iyi ki varsın! Seni çok seviyorum, her şey gönlünce olsun. Beni kendine anne kadar yakın hissettiğin için çok şanslıyım. Sevgi ve güzellikle kal."

Sevim ULUDAĞ
Manevi Annen

TEŞEKKÜR EDERİM

Bana özel bir ruh verdiği için Tanrı'ya teşekkür ederim.

Beni yaratırken, çok özel insanlar olan anne ve babamı seçme imkânını bana verdiği için evrene teşekkür ederim.

Bir boyut değiştirip yeni bir boyuta geçerken, Teslime'yi anne ve Sadık'ı baba olarak seçtiğim için kendime teşekkür ederim.

Rehberim, hayat arkadaşım, canım eşim, önderim Aşkın Sayarı'ya teşekkür ederi. İyi ki seninleyim.

İki oğlum, prenslerim Doğuş ve minik Ogan'ıma bir boyuttan bir boyuta geçerken, Aşkın Sayarı'yı baba ve ben Nuray Sayarı'yı anne olarak seçtikleri için ve Sayarı ailesini genişlettikleri için şükürler olsun.

Manevi annem Sevim Uludağ'a teşekkür ederim.

Geçirdiğim rahatsızlıklara ve bir dolu sorunlara teşekkürler ve şükürler olsun.

Atalarıma, rehberlerime ve meleklerime teşekkürler ediyorum.

Bu güzel ilk kitabıma başlamama ve sıçramama önder olan sevgili Yelda Cumalıoğlu'na teşekkür ederim.

Destek Yayınları'nın birbirinden değerli ekibine ve Gürkan Bey'e teşekkür ederim.

Sağ kolum, sevgili Zahide'me 10 yıl önce bir ilkbahar başlangıcında hayatıma girerek çalışmalarıma kolaylık kattığı, "adın zor Zahide, gel ismini Hilal koyalım" dediğimde niye, neden demeden kabul edip enerjisini değiştirip bana destek olduğun için teşekkürler olsun.

Bir birinden değerli enerji hocalarıma, başta rahmetli hocam Ziver Zirve, Talat Coşkun, Cem Avunduk, Duran Türkoğlu ve Tuğba Soycan, Ferhan Gürbüz'e, değerli dostum Çiğdem Devecigil ile astrolojide ve enerjide bana destek veren herkese teşekkür ederim.

Medyaya adım atmama vesile olan rahmetli ve değerli yönetmen Samim Değer'i rahmetle anıyorum ve Bülent Öztürkmen'e teşekkür ediyorum.

"Ben istediğim bütün güzellikleri hayatıma çektim, sıra sizde" dememe ve bana inancı ile önderlik edip, enerjiye, olumlu olmaya, düzene ve eşitliğe inanarak yolumu açan sevgili özel insan ve Türk televizyonlarının en başarılı yöneticilerinden Show TV İç Yapımlar Koordinatörü Caner Erdem'e, çok değerli dostum Handan Karaman'a, Demet Bulut'a, Senem Özbir'e, Gamze İmamoğlu'na teşekkürler olsun. Güzel yürekli Demet Bulut'a, Seyhan Erdağ ve tüm Show TV ekibine teşekkür ediyorum. Sizleri koşulsuz ve çok seviyorum. Hayatımda sevginizle var olduğunuz için, bana olan güven ve desteğiniz için tekrar tekrar teşekkür ederim.

Beni düşünce gücüyle tanıştıran Emine Teyzem'e teşekkür ediyorum. Ruhun şad olsun.

Bu kitap hazırlanırken çok ilginç bir şey oldu. Kitap yazım aşamasındayken, bir dost, yüreğinin dehlizlerinde hapsolan sorununu gözyaşları içinde bizlerle paylaştı. İçinde habisleşen sorunu ile yüzleşince rahatladı ve hayatı değişti. Kitabımız da ilk misyonunu yerine getirmiş oldu. Onun yaşadıklarına ebeveynlere, eşlere ve sevgililere ibret olsun diye bu kitapta yer verecektik, bu nedenle anlattıklarını kaydettik. Ancak kayıt cihazında sadece onun konuştuğu bölümler yok oldu. Evren, arkadaşımızın yaşadıklarının bu kitapta yer almasına izin vermedi. Bize güvenerek, yaşamını bizime paylaştığı için o dostumuza teşekkür ediyoruz. Yolun açık olsun.

Bu kitabı tüm sevenlerime ve hayatımdaki üç prensim
Aşkın, Doğuş ve Ogan Sayarı'ya
ithaf ediyorum.

YÜREKTEN SÖZ

Enerjiyle tanıştıktan sonra hayatın hazinesini keşfettim. Karanlık bir dünyadan aydınlığa doğru yola çıktım ve hayallerim gerçek oldu. Kuantum'un "iste ve elde et" teoremini kendi hayatım üzerinde uyguladım. Şimdi çözdüğüm "sır dünyası" ile istediğim her şeyi elde ediyorum.

Sonuçta da bu kitabı yazdım.

Bu evrende benimle birlikte nefes alanların, yaşadıklarıma inananların benim gibi farkındalığının farkına varmaları, iç huzurunu bulmaları, sağlıklarına sağlık katmaları, çevrelerine mutluluk vermeleri, ışıklarını açığa çıkarmaları ve tevekküllü olmayı öğrenmelerini istedim.

Bu kitabı yazdım, çünkü;

- *Her birey uyanmalı, içindeki mucize ile yüzleşmeli ve yeteneklerini keşfetmeli.*
- *Bu değerli yaşamda ruh telaşını özgür bırakarak, bolluğu ve bereketi kolaylıkla isteyip hayatlarına çekmeli.*
- *Aynaya baktıklarında haykırarak kendilerine "seni seviyorum" demeli.*
- *"Ben bana yetiyorum"un güzelliğiyle tanışılmalı.*
- *Bu boyutta yaşamın hiç de zor olmadığı fark edilmeli.*

İşte şimdi zamanı, isteyin, dileyin, çekin ve yaşayın. Bu kitabın size ulaşması tesadüf değil.

Yeter ki mesajları almayı bilin ve kendinize izin verin.

Nuray Sayarı
Haziran 2010, İstanbul

ANLAR

Jorge Luis Borges

Eğer yeniden başlayabilseydim yaşama,
İkincisinde daha çok hata yapardım
Kusursuz olmaya çalışmaz, sırtüstü yatardım.
Neşeli olurdum ilkinde olmadığım kadar
Çok az şeyi ciddiyetle yapardım.
Temizlik sorunum olmazdı
Daha çok riske girerdim
Seyahat ederdim daha fazla
Daha çok güneş doğuşu izler,
Daha çok dağa tırmanır,
Daha çok nehirde yüzerdim.
Görmediğim birçok yere giderdim
Dondurma yerdim doyasıya,
Ve daha az bezelye.
Gerçek sorunlarım olurdu
Hayali olanların yerine
Yaşamın her anını gerçek ve
Verimli kılan insanlardandım
Yeniden başlayabilseydim eğer,
Yalnız mutlu anlarım olurdu.
Yaşam budur zaten.
Anlar, sadece anlar.
Sizde anı yaşayın!
Hiçbir yere yanında
Termometre, su, şemsiye ve
Paraşüt olmadan gitmeyen insanlardandım ben
Yeniden başlayabilseydim
İlkbaharda pabuçlarımı fırlatır atardım
Ve sonbahar bitene kadar
Yürürdüm çıplak ayaklarla
Bilinmeyen yollar keşfeder,
Güneşin tadına varır,
Çocuklarla oynardım, bir şansım olsaydı eğer.
Ama işte seksen beşindeyim
Ve biliyorum, ölüyorum.

ENERJİ

Kırk Günlükken Ölüm Bana Göz Kırptı

Doğumum bir mucizeyle başlamış. Kırk günlükken derin bir havale geçirip, hayata gözlerimi yummuşum. Öldü diye beni PTT hastanesinin bir köşesinde bırakmışlar. Ardından tam da morga götürüldüğüm bir sırada ellerimin kıpırdamasıyla yaşadığım anlaşılmış. Dolayısıyla ben hastalıklarla ve ölümle kırk günlükken burun buruna geldim.

Dört çocuklu bir ailenin en büyük çocuğuyum. "Uğur böceğim" derdi babam bana. Her ne kadar dünyanın merkezine kendini koyup bizim onun etrafında döndüğümüzü düşünecek kadar zor bir adam olsa da, bana söylediği güzel sözlerle ruhumla birlikte, olmayan kırmızı kanatlarımı da okşardı. Her çocuk kısmetiyle doğarmış ama öldü sanılıp dirilen ben, bir ışık olarak doğmuşum ailemin üstüne. Doğumum ile birlikte işsiz olan babam iş bulmuş.

Anneannem doğum yaptıktan hemen sonra vefat ettiği için annem annesini hiç tanımamış. Bu nedenle de annelik kavramının ne olduğunu bilmeyen bir annenin ilk ve travmatik çocuğu olarak dünyaya geldim. 'Ananın ilki olacağına dağın tilkisi ol' derler ya, işte ben aynen öyle başladım hayata.

Annem kötü bir çocukluk geçirdiği için kötü kodlamalara sahipti. Annem, genlerden gelen sağlık sorunlarıyla karşılaşacağımız gibi bir endişe taşırdı her zaman. Baba soyumdaki herkes tüberkülozdan ölmüş, o çağın hastalığı veremmiş. Dolayısıyla bu hastalığın çocuklarında da çıkma ihtimali annemin en büyük korkusuymuş. Daha sonra anladık ki, korkular gerçek olurmuş. Tüberküloz korkusuyla bu kadar zaman yatıp kalkan annemin, beynimin hücrelerine imtina ile kazıdığı hastalık verisi ile birlikte ileride verem olacak ve hayatımı değiştiren sekiz ayı hastanede geçirecektim.

Annem enteresan bir kadındı. Çocukluğumdan beri babamla olan geçimsizliklerinden, "Bu adam bir gün beni kanser edecek," diyerek yakınıp dururdu. "Bir şeyi kırk kere söylersen olur " der atalar. Doğrudur. Aslında bu evrene gönderdiğin negatif enerjiyle alakalı bir şey. Annem sonunda söylene söylene bir gün kanser de oldu. Kalçasıyla bacağı arasında, yumuşak doku tümörü denilen son derece öldürücü bir kansere böylelikle sahip olmuş oldu.

Anneannem çok derin sezgileri olan bir kadınmış. Medyumluk özellikleri gösterirmiş. Altıncı hissi son derece kuvvetli, algıları açık ve oldukça da zekiymiş. Onu hiç tanımadım ama aramızdaki ruhsal bağlantıyı çok güçlü hissederim. Hiç tanımasam da ondan el aldığım söylenir. Baba tarafım da ilginçtir. Babamın dedesi döneminin en önemli medyumlarındanmış. Dolayısıyla sonradan eğitimle geliştirdiğim özelliklerim, aslında bana genetik olarak kalan miraslardır.

Dedemi kanserden kaybetmiştik ve bilinçaltımda her daim o korkuyla yaşadım. Ve bir gece rüyamda annemin kanser olduğunu gördüm. Astrolog olduğum için annem kansere yakalanmadan önce yıllık çıkardığım yıldız haritalarında annemde bir hastalık, derin bir hüzün görüyordum. Bunun üzerine düşünmeyeyim ve iptal edeyim, diyordum ama rüyamda dedem, "Annende benim hastalığım var onu hemen doktora götür," dediğinde annemin kanser olduğu gerçeğiyle yüzleştim.

O sıralar annemde hastalığının hiçbir emaresi yoktu. Ama ben huzursuzdum. Annemi nasıl olur da doktora götürürüm, diye düşünüyordum. Bu olayı bir kaç doktor arkadaşıma söylediğimde bana, "Uykunda popon açık kalmış," dediler ve alay ettiler. "Sapasağlam kadın, deli misin sen?" diyen bile oldu. Ben annemi MR'a sokmak istedikçe, eminim onlarda beni Bakırköy'e göndermek istiyorlardı.

Annem sapasağlamken, hiçbir ağrısı, sızısı yokken, her şey yolundayken bir gün "Allah'ım eğer böyle bir şey varsa, ben bundan korkmuyor ve kabul ediyorum. Şayet ki annem böyle bir hastalık yaşıyor ya da yaşayacaksa bu da bizim için bir sınav olacak. Bir şeyi çözeceğiz. Ben annemin kanser olduğunu hissediyor ve seni çok seviyorum Allah'ım, lütfen bir şey varsa bunu karşımıza çıkar," diye yürekten ve çok derinden dua ettim.

Bir de bende travmalar biter mi? Bilinçaltımda çocukluğumdan gelen 'anne kaybetme' korkusu vardı. Onla da yüzleşmiş oldum. Annem annesiz büyüdüğü ve çok zor günler geçirdiği için bizim onsuz büyümemizi istemez ve daima "Allah sizin başınızdan beni eksik etmesin," derdi. Benim konuşulanları algıladığım günden annemin hasta olacağı zamana kadar annemin bütün duası buydu: "Çocuklarım bensiz büyümesin" Bu durum sizde, ister istemez, anne kaybetme korkusu kodu yaratıyor.

Annemin hastalığını haber veren rüya sayesinde, rüyaların bir rehber olduğunu öğrendim. İlginçtir; bir yanda acı var diğer yanda ise keşif var.

Annemin ayağı kaydı ve düştü. Dizinde bir incinme oldu ve arkasından ağrı başladı. Böylece MR'a girmek zorunda kaldı. Sonuç geldiğinde doktor yüzüme endişeyle baktı ve "Kırık çıkığı boş verin, tümör var bacakta," dedi. O zaman ben ellerimi havaya açıp, Allah'a teşekkür ettim. Doktor şaşırdı, tümöre sevindiğimi zannetti, nereden bilsin yaşadıklarımı. Tümör raporuyla birlikte gittiğimde, daha öncede konuştuğum ve bana inanmayan doktor arkadaşlarımın yüzünü görmeliydiniz, inanılmazlardı.

Anneme teşhisi koyan doktorlara rica ettim, "Lütfen hastalığını anneme söylemeyin," diye. Annemde çocuklarından ayrı kalma korkusu çok şiddetliydi. Onun için çocuklarının 3 yaşında ya da 40 yaşında olması fark etmezdi. Annemi ikinci bir travmadan sakınmak için hastalığını öğrenmesine engel olmak istedim. Doktor "Tamam," dese de ertesi sabah başka doktor anneme hastalığını söyledi. Odaya girdiğimde doktor anneme hasta olduğu söylüyordu, engel olamadım. Esmer bir kadın olan annemin yemyeşil olduğuna dehşetle şahit oldum. Kendisi için değil, hala çocukları için yaşamak istiyordu. "Anne, kendin için yaşayacak ve bu hastalığı kabul etmeyecek ve sevgiyle bu hastalığı senden göndereceksin," dedim. O zaman enerjiyle tanışmıştım. Annem hastalığını kabul etmedi, sevgiyle gönderdi, üzerinden yıllar geçti ve şimdi çok sağlıklı. Sadece bacağındaki kırıklar platinle birleştirildi. Anne kaybetme korkum da böylelikle geçti.

Bu evrende Tanrı herkes ile birlikte olduğu gibi her daim benimle de birlikte. Çünkü onunla konuşuyorum. Sadece sıkıştığım zaman ya da daraldığım zaman dua etmiyorum, ben Allah'la devamlı sohbet ediyorum. O bana istediğim ve dilediğim her şeyi gönderiyor. Şuna inandım; ben Allah'ın bir parçasıyım. Kuran-ı Kerim'de, "Beni bir yerlerde aramayın, beni yarattıklarımda bulun," diye buyrulur. Yarattıklarından bir tanesi de benim, ben de onun bir parçasıyım.

Annem, isteyerek ya da istemeyerek, bilinçaltıma 'anne kaybetme korkusu'nu işlemişti. Ben annemin hastalığını öğrendiğim gün, "Eğer annem çekecekse, ölüm de bir şifadır," diyerek annemi kaybetmeyi göze aldım. Böylelikle annemin hastalığında annemi kaybetme korkumu aştım.

Kemoterapi sırasında devamlı annem için, "Yaşasın, ne olur," diye kendimi parçalarken, ölümle yüzleşmek ve bencil olmadan korkularımın üstesinden gelerek, ölüme razı olmak beni kendime getirdi. Evet, annem artık ölebilirdi. Canı acıyacağına, ağrılar çekeceğine, kalitesiz bir hayat yaşayacağına belki de ölmesi daha iyiydi. Üzülecektim belki ama ben üzülmeyim diye annemin acı çekmesine razı olmak ne kadar doğruydu? Bu duygularla yüzleştim. Tabii ki annemle yaşlanmak istiyordum ama ona bu haksızlığı yapmaktan vazgeçtiğim, kabule geçtiğim an annem yoğun bakımdan çıktı. İkimiz de dersimizi almıştık.

Cahil de olsa, sevgi dolu muhteşem bir anneye sahibim. Her şeye rağmen minnettarım anneme, iyi ki o benim annem.

Rüyalar ve Uyarılar

Uyku bir ölümdür aslında. Biz her akşam bir ölüm, her sabahsa yeniden dirilişi yaşıyoruz. Uykuyla birlikte ruhumuz bedenimizden ayrılıp astral alana geçiyor.

Rüyalar habercidir. Bedenin olmadığı yerde ruhun temasıdır. Hiçbir rüyaya kötü bakmamak gerekir. Her şeyi hayra yormak çok önemlidir. Nasıl düşünüyorsanız öyle yorumlarsınız.

Ben rüyaların herkese anlatılmaması gerekliliğine inanırım. Karşınızdaki kişiler, olumsuz, negatif düşünüyorlarsa sizin bilinçaltınızı negatif kodlarlar.

Örneğin; diş dökülmesi, diş kopmasını ölüm diye yorumlarlar. Enerjiyle tanışmadan önce rüyamda dişim koptuysa, "Ay kim ölecek, kim gidecek," derdim. Keza kendimi çıplak gördüğümde ya da evin içerisini karışık gördüğümde olumsuz bir şeyler olacağı duygusuna kapılırdım. Bunlar da annemin kodlamaları. Oysa alakası yok. Olumlu yorumlanan, kodlanan her şey olumlu sonuç verir.

Tanrı çeşit çeşit mesajlarla bizi rüyalarımızda uyarıyor.

Bazı insanlar vardır, her uyuduklarında rüya görürler, bazı

insanlar ise hiç rüya görmediklerini sanırlar. Rüya görmediklerini, rüyalarını hatırlamadıklarını söyleyenler hatırlamayı seçmeyenlerdir. Niye seçmiyorlar? Çünkü onların bilinçaltlarında uyarılmak ile ilgili korkuları vardır. Bu korkulardır gördüğümüz rüyalara engel olan. Yani uyarılmayı, eleştirilmeyi sevmeyen, kontrol altına alınmayı sevmeyen ya da her daim başına bir şey geleceği endişesi içinde yaşayan kişiler rüya görmezler. Kırk yılda bir gördüklerinde ise kâbus görürler. Onun da aynısını yaşarlar. Sürekli olarak bir endişe ve kaygı üretme hali içinde olduklarından, tekrar ve tekrar kendi senaryolarını yazıp oynarlar.

Kâbuslarımız korkularımızdır. Kâbusları biz düşüncelerimizle bilincimize davet ederiz. Korkuların bilinci etkilemesiyle birlikte, ruh ve beden de bu durumdan payına düşeni alır.

Korkularımızla yüzleştiğimizde kâbuslarımız da biter.

Aslında hiç farkına olmadan korkmaktan korkuyoruz.

Rüyada Ölü Görmek...

Çok sıkıldığımızda, bunaldığımızda rüyamızda sevdiğimiz ölülerimizi görürüz. Aslında onları davet eder, ruhsal bağlantı kurarız. Rüyada "ölü diri getirir" derler ya, belki de dirilen kendimizizdir. Rüyada ölü birini görmek, hayatımıza girecek yeni birinin iyi şeylere vesile olacağının ya da müthiş bir bunalımın içinden çıkacağımızın habercisidir. "Merak etme, bu evrende sen yalnız değilsin, ben varım, seni kolluyorum" mesajıdır. Biz aklımızla kavrayamayız ama bilincimiz ve bedenimiz bilir ki sevdiğimiz ama kaybettiğimiz kişiler ölse de enerjileri evrende yok olmaz.

Biz Aynı Tanrı'nın Çocuklarıyız...

Derler ya, Allah'tan korkun, sizi cezalandırır vs... İnanmayın. Bizler Tanrı'nın çocuklarıyız, kendisiyiz, yansımasıyız. Hiç bir anne ya da baba, ruh hastası olmadığı sürece çocuğunu cezalandırmak için camdan aşağıya doğru sallamaz. Onu uçurumdan yuvarlamaz.

Tanrı, yarattıklarını bir annenin ve bir babanın çocuğunu sevdiğinden daha çok sever. Anne çocuğuna kızabilir, baba çocuğuna kızabilir ya da öfke duyabilir ama düşünün ki yaradan sizi daha çok seviyor. Ben anneyim, iki oğlum var. Onlar benim mucizelerim. O iki mucizenin bu evrene gelmesine vesileyim. Onlar benim bir parçam ama ben onların bir emanetçisiyim. Böyle bakıyorum çocuklarıma. Dolayısıyla güzel yaradan, bir annenin çocuğunu sevdiğinden daha çok seviyor yarattıklarını. Mucize burada işte. Beni bu kadar çok seven bir güç, neden beni cezalandırsın, neden beni hasta etsin?

Biz hastalandığımızda da uyarılar alıyoruz.

Grip oluyoruz; aslında Tanrı bize "Öfke duyma," diyor.

Sesimiz kısılıyor; "Söyleyemediğini içinde patlatma, konuş," diyor.

Gırtlak kanserine ise iki türlü bakabiliriz; "Öfke mi kusuyor, öfkesini içine mi atıyor?" diye.

Bunların hepsi uyarı, hastalık diye bir şey yok. Hastalıkların hepsinin psikolojik bir nedeni vardır. Bu konuyla ilgili birçok kitap yayımlanmıştır.

Ağrılar

Vücudumuzun sağ tarafı erkek, sol tarafı dişidir. Sağınızda duyduğunuz ağrıların erkeğe duyulan öfkeyle alakası vardır. Solunuzdaki ağrıların da kadınlarla... Erkeğinizi ya da ilgili kadını bağışladığınızda ağrınız kalmaz.

Siz Önce Kendinizi Sevin

Ailemde bilincime işlenen 'başıma kötü bir şey gelecek' kaygısı ve kodlaması vardı. Özgür ve serbest değildim. Riskler neydi? Bir genç kız olarak kötü yola düşebilirdim! Sanki her erkek arkadaşı olan kız kötü yola düşer ya da her cinsel ilişkide bulunan genç kız hayat kadını olur. Bu düşünce Türk filmleriyle kodlanmıştır bize. Filiz'ler, Hülya'lar, Türkan'lar... Bir kere öpüşünce ve evlenmeyince kötü kadın olurlardı! Aslında bizim erken yaşta evlenmemize neden olanlar Yeşilçam senaristleridir.

Ben de sırf bu nedenle, yani başıma bir şey gelmesin diye, erken yaşta evlenmeyi seçtim. Çok şükür ki âşık olmuştum. Ama şimdi bu bilinçle baktığımda ne kadar da komik geliyor. Daha ayaklarımın üzerinde durmayı bilmeden, hatta benliğimi bulmadan, kendimi tanımadan, ne istediğimi bile bilmeden kendimi evlenmek zorunda hissetmiştim.

Bugün toplumumuzun büyük bir bölümünde, birçok genç kızda hala bu duygu var; "Beyaz atlı prensi bulayım ve o beni kanatlarının altına alıp, korusun!" Ne kadar yanlış bir düşünce oysa. Gönüllü kulluk tercihi... Oysa kadının bir birey olarak kişiliğini olgunlaştırıp ben ne istiyorum, nasıl bir erkek hayal ediyorum, gelecekten ne bekliyorum sorularını kendisine sorması gerek.

Gazetelerde sıkça okuyor, çevremizden duyuyoruz. Birçok genç kadın var ki evlendirildikleri adam tarafından horlanıyor, şiddete maruz kalıyor hatta etinden, sütünden ve yününden faydalanılıyor, faydalandırılıyor.

Ben de birçokları gibi aynı zihniyetin kurbanı olabilirdim ama olmadım. Şanslıyım, genç yaşımda muhteşem bir adamla tanıştım ve evlendim. Bazı arkadaşlarım bana o muhteşem adamı benim yarattığımı söylerler. Doğrudur, çünkü biz karşımızdakileri her zaman kendimiz gibi algılarız, kendimizi görürüz.

Unutmamak gerekir ki ancak sevgi doluysak, sevgiyi biliyorsak başkalarını da sevebiliriz ve sevilebiliriz. Birçok kişi sevilmediğinden yakınır durur. Bu kişilerin önce kendilerine karşı dürüst olmaları çok önemlidir. Acaba onlar kendilerini yeteri kadar seviyorlar mı? Kendini sevmeyeni, başkası niye sevsin?

Ben âşık oldum. 18 yaşımda aşkı eşimle tattım. Onunla tanışmadan önce eşimi rüyamda görmüştüm. Hatta rahmetli dedem göstermişti onu bana.

Parada cimri olan sevgide de cimri olur... Sevgide cimri olunca da sevgi size gelmez.

BENCİL KİŞİ, SEVGİSİZLİKTEN VE ADALETSİZLİKTEN UTANMAZ...

Eski Çin bilgeliği kitabında şöyle yazar:

Bencil kişi, insafsızlığa ve sevgisizliğe karşı ilgisizdir ve bu değerlere önem vermez. Ancak tabiat yasalarının gereği olarak ıstırap çekmektedir. Ancak bu ıstırabın sebebinin kendisi olduğunu bilmez. Bilge kişi, kendisi veya başkaları tarafından yaratılan sevgisiz ve adaletsiz davranışlardan eksiklik duyar ve utanır. Tabiat yasası gereği her zaman iyilik ve sevinçten hoşlanır.

Çok güzel, eğitimli, kariyerli, zengin, entelektüel bir kız arkadaşım var. Birçokları için özenilecek bir hayatı var. Ancak bu arkadaşım, hem kız arkadaşlarıyla hem de erkek arkadaşlarıyla olan dostluklarında, ilişkilerinde ne yaparsa yapsın hep başarısız oluyor. Aşk ilişkileri de devamlı olarak hüsranla sonuçlanıyor.

Erkekler, arkadaşımın güzelliğine ve neşeli sohbetine kapılıp peşinden koşuyorlar. Ancak aralarında aşk ilişkisi başladıktan bir süre sonra kızı terk edip gidiyorlar. Çok düşündüm hayata nasıl bir enerji gönderdiğine, nerelerde hata yaptığına dair. Sonunda anladım ki, arkadaşım çok cimri. Hani cebinde akrep var derler ya, o tarz bir insan.

Cimriliğin ilişkilerdeki rolüne baktım. Sonunda anladım ki, bizim göremediğimiz bir olay var burada. Cimri insanlar her şeyde cimri oluyor. Sevgide de... Karşısındakine ne kadar ilgi gösterirse göstersin, saraydan ne kadar zekât koparsa kopsun, cimrilik enerjisi bencilleştiriyor, sevgisizleştiriyor. Bu durum da kendilerine geri dönüyor.

Karşıdaki insan ortada adı konulmayan bir rahatsızlığı yaşamaya başlıyor. Ve bir süre sonra da bu enerjiyle yaşamak istemiyor.

Oysa vermek, çok önemli... Bugün bir başkasından esirgediğin şeyler, yarın insanların sevgisinin sana gelmesini önleyebilir.

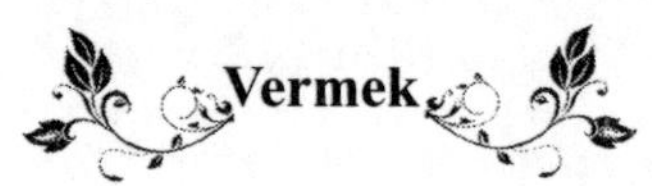

Sahip olduklarınızdan verdiğinizde,
çok az şey vermiş olursunuz;
gerçek veriş, kendinizden vermektir.
Çünkü sahip olduklarınız, yarın ihtiyacınız olabilir
diye saklayıp koruduğunuz şeylerden ibaret değil mi?
Ve yarın,
kutsal şehre giden hacıları takip ederken,
kemiklerini, iz bırakmayan kumlara gömen
fazla uyanık bir köpeğe ne getirebilir?
Ve ihtiyaç korkusu da,
ihtiyaçtan başka bir şey değil midir?
Kuyunuz tamamen doluyken susuzluktan korkmak,
tatmin olamayan bir susuzluk göstermez mi?
Çok fazla şeye sahip olup, çok az verenler,
bunu gösteriş isteyen gizli arzuları için yaparlar,
ki bu da armağanlarını yararsız kılar.
Ve bazıları vardır ki,
çok az şeye sahiptirler
ve hepsini verirler.
Bunlar hayata ve

hayatın definesine inananlardır,
ve kasaları hiç boş kalmaz.
Bazıları sevinçle verirler,
bu sevinç onların ödülüdür.
Bazıları ise ıstırap içinde verirler
ve bu acı, onların kutsanmasıdır.
Ve bazıları vardır ki,
ne vermenin acısını hissederler,
ne sevinç ararlar,
ne de bir erdemlilik düşüncesi taşırlar;
Onlar, şu vadideki mersin ağacının
kokusunu salışı gibi verirler.
Böyle kişilerin ellerinde Tanrı dile gelir ve
onların gözlerinden Tanrı, dünyaya gülümser.
İstendiği zaman vermek güzel bir davranış olabilir;
fakat istenmeden, ihtiyacı hissederek vermek
çok daha anlamlıdır.
Ve cömert olan için, verecek kimseyi aramak,
veriş olayından daha fazla sevinç getirir.
Vermekten alıkoyacağınız herhangi bir şey olabilir mi?
Sahip olduğunuz her şey bir gün verilecektir.
Öyleyse şimdi verin ve vermenin hazzını
mirasçılarınız değil, siz yaşayın...
Çoğunlukla şöyle dersiniz:
'Vereceğim, ama hak edeni bulabilirsem.'
Ne koruluktaki meyve ağaçları böyle düşünür,
ne de çayırdaki sürüler.
Onlar, saklandığında çürüyecek olanı,
yaşayabilsin diye verirler.
Herhalde kendisine günler ve geceler
verilmesini hak eden bir kişi,
sizden gelebilecek şeyleri de hak eder.

Ve hayat okyanusundan içmeye hak kazanmış bir insan,
sizin küçük ırmağınızdan da bir bardak su alabilir.
Faydasından öte,
kabul etmenin gerektirdiği cesaretten
ve güvenden daha büyük bir değer var mıdır?
Ve siz kim oluyorsunuz da,
onların göğüslerini yırtarak,
gururlarını korunmasızca ortaya seriyor,
sonra da onların değerlerini örtüsüz
ve gururlarını utanmasız
olarak değerlendiriyorsunuz?
Önce kendinizi vermeye hak kazanmış ve
verme olayında bir aracı olarak görün.
Çünkü gerçekte her şeyi veren hayattır
ve siz kendinizi bir verici olarak belirlediğinizde,
sadece bir tanık olduğunuzu unutuyorsunuz.
Ve siz alıcılar,
ki hepiniz bu gruba dâhilsiniz,
ne kendinize, ne de size verene
bir boyunduruk yüklememek için,
hiç bir minnet hissi taşımayın.
Bunun yerine,
armağanları kanat yaparak,
verenle beraber yükselin;
Çünkü borcunuzu gereğinden fazla abartmak,
annesi özgür yürekli dünya,
babası evren olan cömertlik olgusundan
şüphe etmek demektir...

Halil Cibran, Ermiş

Genç Yaşta Kaynanayla Yeni Bir Yaşam...

18 yaşımda evlendim, eşim de çok gençti. Yaklaşık dört yıl kadar kayınvalidemle oturduk. O da 17 yaşında evlendiğinden 38 yaşında çok genç bir kayınvalide oldu. Zor ve problemli günler yaşadık birlikte ve şu anda da görüşmüyoruz. Yanlış anlaşılmasın, küs değiliz birbirimize. Sadece görüşmüyoruz. Ama ben burada, kucağımı açmış bir şekilde, onu her zaman bekliyorum. Ne zaman isterse gelininin, hatta gelinden de öte kızı Nuray'ın, kapısı ona her zaman açık. Ama bazen insanları kendi hallerine bırakmak gerekir ki, onlar da kendi yolunu bulabilsinler. Ben kayınvalidemin bana doğru uzanan yolunu bekliyor, onu sevgiyle anıyorum.

Kayınvalidemle ne kadar zorlu yıllar geçirsek de ona bu hayatta teşekkür ediyorum, buralara gelmeme vesile oldu. Ben Nuray Sayarı olduysam, bunda onunla beraber geçirdiğimiz iyi, kötü ve hatta daha kötü günlerin payı vardır.

Evlendiğimiz dönemde çok gençtim, kayınvalidem de çok gençti. Hayata daha yeni başlamıştım ve hiç bir şey bilmiyordum. Annemden daha kurallı bir anne vardı karşımda. Güzel bir kadındı ve iki evlilik yapmıştı. O da benim gibi çocukken anne olanlardandı. Aynı evin içinde yaşıyorduk ve doğal olarak onun istediği gibi yaşamak zorundaydık. Hayata dair şımarma hakkım yoktu. Uyanınca yatağımın içinde oyalanma, şekerleme yapma şansım olmadı hiç. Onun kalktığı saatte uyanmak, onun yattığı zaman yatmak, onun acıktığı zaman yemek yemek zorundaydık. Aslında bu normaldi, ben onun düzenine gitmiştim. Ancak çok genç ve tecrübesiz olmam bu durumu algılamama ve idare etmeme engeldi. Her laftan, sözden alınıyordum. Sanki bütün dünya benim karşımdaydı. Ben ben değildim, çok ezildiğimi düşünüyordum. Çile çeken, acı çeken, yeni evli bir kadındım. Çok gözyaşı döktüğüm günlerim, hatta aylarım oldu. Yıllar da diyeceğim ama abarttığımı düşüneceksiniz. Hayır, abartmıyorum, yıllarca acı çektim. Ancak daha sonra başıma daha da kötü olaylar gelince, bilinçlenince sorunun kayınvalidem, kocam veya başkaları olmadığını anladım. Sorun 'ben'dim. Ben ve dünyaya bakış açım. Ben ve kendimi karanlığa hapsedişim. Ben ve öfkem. Ben ve algılarım.

O zamanlar kayınvalidemin evinde bana ait, o da yarım, sadece yatak odam vardı. Geri kalan bütün dünya kayınvalidemindi. Yine de acılarımı içime gömüp, ona hep iyi davranmaya çalışıyordum. Kayınvalidem bana, "Sen hiç kin tutmayan, çok iyi bir kızsın," derdi ve ardından yapacağını yapardı. En azından o zamanlar ben öyle düşünürdüm.

Şimdi uzaklaştık, mekânlarımız ayrıldı, aramıza yıllar girdi. Ama bu bilinç düzeyimde onu ve kendimi affediyorum. Benim hayattaki en büyük rehberim olan eşimin annesi o. Kayınvalidemi sevmeyi seçiyorum. Onu seviyor ve bekliyorum.

Siz de öyle yapın, probleminiz olan kişileri affedin ve yaşananları sevgiyle evrene bırakın. "Atalarımız keskin sirke küpüne zarar," diye boşuna dememişler...

Öfkelerinizden arının. Karşınızdakilerin de bir hayatı, o hayata olan bakış açısı ve iyi, kötü tecrübeleri olduğunu bilin. Biriyle anlaşamayabilirsiniz ama onun ne durumda olduğunu istediğiniz kadar empati kurun, algılayamayabilirsiniz. Bu nedenle gereksiz tartışmalara, laf münakaşalarına, sevgisizliğe hatta kine kadar gidecek hallere sebep vermeyin. Bazen uzaklaşmak, yolların tekrar birleşmesi için bir neden olabilir. Tıpkı iki yakanın bir köprüyle birleşmesi gibi. İzin verin aranızdan bahar rüzgârları geçsin, çiçek tohumları uçuşsun.

Ölüm Meleği Bir Kez Daha Çok Yakınımdaydı...

Öfkelerim oldu benim. Kızgınlıklarım oldu. Sonunda da nefes alamamaya başladım. Hamileydim ve tüberküloza yakalandım.

Bugün başıma gelenlerin nedenini çok iyi anlıyorum. Halam

benim yaşımda evlenmiş ve çocuğunu doğurduktan sonra tüberkülozdan ölmüş. Bu nedenden dolayı çocukluğumdan beri bana, " Kaderi halasına benzemesin," kodlaması yapılırdı. Dudu halamı hiç tanımadım ama çevredekiler hastalığını ve kaderini bana sık sık hatırlatırlardı. Hatta hatırlatmakla kalmaz çocuk yaşta bilinçaltıma, nasıl bir hastalık olduğunu bile bilmediğim tüberkülozdan doğumla birlikte ölünebileceğini kazırlardı. "Dudu hamile kaldı ve vereme yakalandı. Dudu çocuğunu doğurdu ve öldü..."

Karmik bir plan işte bu. Bir şeyden ne kadar kaçarsanız, o şeye daha çok takılır kalırsınız. Atalarımız boşuna, 'Sakınan göze çöp batar,' dememişler. Ne yazık ki kaderim -ben karmamı değiştirene kadar- Dudu'ya benzedi. O da evlenip, kayınvalide evine gitmiş ve çok çekmiş. Ben de evlendim ve onunla aynı sıkıntıları yaşadım. Onun gibi hamile kaldım, tüberküloza yakalandım ve doğum yaptım. Ama ben ölmedim, çünkü hayatımı değiştiren hatta alınyazımı değiştiren kişiyle hastanede tanıştım.

Çok gençtim. Ölmek istemiyordum. Ama kaderin bütün verileri benim de Dudu gibi öleceğimi gösteriyordu.

Doğum yaptım ve bebeğimi sadece uzaktan görebildim. Onu öpüp, koklayamadım bile... Kucağıma alamadım. Emzirmek istediğimde doktorlar, hastalığımın bulaşıcı olması nedeniyle bebeğin yanıma yaklaşmasının çok tehlikeli olduğunu söylediler. Sekiz ay bebeğimi hiç görmedim. Yeni doğum yapan bir annenin sekiz ay ölümle pençeleşmesi ve bebeğini bir kere bile kucağına alamaması ne kadar acıydı. Üstelik doğumla birlikte kadınlık hormonlarımın alt üst oluşu da göz önüne alındığında, mutsuzluğumu kelimelerle ifade etmek mümkün olmuyor.

Hastaydım, çok hastaydım. Verem bütün ciğerlerimi sarmıştı, nefes almakta güçlük çekiyordum. Bebeğimi hiç emziremedim ama ölmeyip, 19 yıl sonra ikinci çocuğumu dünyaya getirdiğimde onu iki buçuk yıl emzirdim!

Hastaneye Yatmak İçin Fakir Kâğıdı Aldım...

Çok ağır bir tüberküloz geçiriyordum. O yıllarda doğru dürüst paramız yoktu. Eşim yeni iş kurmuş, hayata yeni atılmıştı. Esnaf hastanesinde doğum yaptıktan sonra en iyi tedavi olabileceğim yerin Amerikan Hastanesi ya da Heybeliada Sanatoryumu olduğunu söylediler. Amerikan Hastanesi'ne güç yeter mi? Heybeliada Sanatoryumu'nu tercih etmek zorunda kaldık.

Ancak Heybeliada Sanatoryumu'na da çok düşkün olanları alıyorlardı. Muhtarlıktan fakir kâğıdı almamız gerekti. O kadar zoruma gitti ki, özel hastanede yatacak param yok, Heybeliada Sanatoryumu için de fakir kâğıdı almamız lazım. "Biz o kadar fakir değiliz," diye düşünüyordum. Yanılmışım. Sonra kayınvalidem muhtarlığa gitti ve fakir kâğıdı aldı. Şimdiki durumuma baktığımda kendimi bir mucizeyi gerçekleştirmiş gibi görüyorum.

Heybeliada'da faytona binecek bile paramız yoktu. Sanatoryuma kadar, hasta hasta kilometrelerce yürüdüm. O gün fakir kâğıdıyla hastaneye yatan ve tedavi olan ben, bugün en lüks hastanede bile yatabilirim ancak uyarı ve hastalığı seçmiyorum.

Benim o yıllarda param yoktu ama şimdiki kadar özel hastane de yoktu. Şimdi özel hastaneler, damping bile yapıyorlar... Yani kampanya yapıyorlar, millet hastalansın diye... Her yerde bilincimize hastalıklar kodlanıyor. Çok dikkatli olmak gerek.

Yattığım sanatoryumda bile adaletsizlik diz boyuydu. Fakirler arasında torpilli olanlar deniz manzaralı odalarda yatıyorlardı, diğerleri ise mezarlık manzaralı odalarda... Ben sol tarafta mezarlık manzaralı odada kaldım. Tam sekiz ay...

Ciğerlerimi mahveden hastalığım, doğum travması, arkasından loğusalık, bebeğini görememe, hormonsal bunalımlarım, fakirlik belgesi, mezarlık manzaralı oda derken ve ölüme bu kadar yaklaşmışken gün be gün eriyip gidiyordum. Artık yaşama dair hiç bir umudum kalmamıştı.

Ölümle burun burunaydım. Gündüzleri odamın mezarlık manzarasında cenazeleri seyrediyordum. Geceleri ise hayaletlerden, hortlaklardan korkuyor, pencereden dışarı bakarken zombiler ha çıktı, ha çıkacak endişesiyle gözüme uyku girmiyordu.

Hastanede kaldığım odadaki yatağımın hemen yanına yeni bir hasta yatırıldı; Emine Teyze. Akciğer kanseriydi ve durumu da oldukça ağırdı. Çok ağrıları vardı ve ne kadar belli etmek istemese de çok acı çektiği her halinden anlaşılıyordu. Odaya taşınmasından üç ay sonra benim yanımda hayata gözlerini kapadı. Zaten sekiz ay boyunca dört beş oda arkadaşım oldu ve onlar arasında sadece bir kişi sağlıklı bir şekilde taburcu oldu.

Emine Teyze emekli öğretmendi. Mesleğinden emekli olmuş olabilirdi ama gerçek öğretmen ölüm döşeğinde bile öğretirdi. Bana da öğretti ve hayatımı değiştirdi. Bütün umutlarımın tam da bittiği noktada bana düşünme gücü ile ilgili bir kitap hediye etti.

Benim karmamın kırılma anı hastanede oldu. Emine Teyze çok kitap okurdu. Okuduğu kitaplar şimdilerde bilinen kuantum kitaplarıydı. Ben kuantum ile 1988'de hastanede tanıştım.

Emine Teyze benimle devamlı konuşur, bana kitaplarından bölümler okur, okumam gerekenleri verirdi. Bir gün mezarlıktan çok korktuğum için bana ölümden bahsetti: "Niye ölümden korkuyorsun? Biz hepimiz bir boyuttan geliyoruz. Ölüm de başka bir boyuttur. Ölüm gerçek bir şifadır." Geceleri devamlı bir şekilde korkarak onu uyandırdığımda, "Yat aşağıya, ölüler dirilse, biz zaten hasta olmayız," derdi.

Gün Gelir Ölüm Fikri Bizi Korkutmaz

Ben mezar manzaralı bir odada hayal kurdum, imgeledim ve hayalime inandım. Üstelik ölüm korkumu da orada atlattım.

Emine Teyzem Mevlevi'ydi. Derdi ki; "Biz bir boyuttan geliyoruz, anne rahmine düşüyoruz, gün geliyor anne rahminden ayrılıyoruz. Vakit geliyor ve biz hep ayrılıkları tadarak geliyoruz. Doğuyoruz, ışığı görünce ağlıyoruz, gün geliyor anne kucağına alıyor bizi, memesini veriyor, emziriyor, vakit doluyor, emme dönemi bitiyor, memeden ayrılıyoruz, ardından emekliyoruz, gün geliyor yerden ayrılıyor yürüyoruz. Gün geliyor okul çağı başlıyor, evden ayrılıyor, okula başlıyoruz. Okul bitiyor işe başlıyoruz. Gün geliyor hayat eşimizi bulup, evimizden, ailemizden ayrılıyoruz. Gün geliyor ya biz hayat eşimizden, ya da o bizden ayrılıyor. Gün geliyor bu boyutu bırakıyoruz. Bu sefer ağlamıyoruz, arkamızdakileri ağlatıyoruz."

O zaman ölümün o kadar da korkunç bir şey olmadığını anladım. Eğer Allah'a inanıyorsak, onun sevgisine de inanmalıyız. O doğayı öyle güzel yarattı ki ve eğer insan doğası gereği ölüyorsa, ölüm kötü bir şey olamaz.

Düşünme Şeklini Değiştirdiğinde Her Şeyi Değiştirirsin

Hastane odasında kuantum ile tanıştım. Önce sağlıklı olacağıma dair olumlamalar yapmaya başladım; ardından da kocamla ayrı bir eve taşınacağımıza dair. Ancak bu olumlamaları yaparken bir hususu atladım. Eşim annesini seviyordu ve biz ayrı bir evde oturalım ama eşim de annesine yakın olsun istedim. Hastaneden çıktığımdan kısa bir süre sonra kayınvalidemin yanından taşındık. Hayallerim gerçek oldu. Taşındık ama karşı apartmanına taşındık. Demek ki bu kadar da yakın kodlamamalıymışım!

Hastanede başladım hayatımı değiştirmeye. İsteklerimi imgeledim.

Hayal Ettim ve İmgeledim

Sizlerin de hayatınızda ters giden bir şeyler varsa, rahatsızlıklarınız varsa, önce kabullenin, probleminizle yüzleşin ardından da isteklerinizi hayal edin ve imgeleyin.

Önce Yaradan'a sıkı sıkı bağlanın ve unutmayın ki bizler

Allah'ın bir parçasıyız.

Kalbinizi sevgi enerjisiyle doldurun.

Kendinizin ve evrenin hayrına olmak üzere dileğinize niyet edin.

O yıllar eşim ve çocuğumla kendime ait bir düzen kurmak için niyet ettim. Ardından hep sahip olmak istediğim evi hayallerimde imgeledim. Hayallerimi gerçekmiş gibi yaşadım. Önce eşim için kayınvalidemin yakınlarında bir yeri imgeledim, karşı apartmana taşındık. Daha sonra o da olmayınca yine imgeledim ve 1 km. uzağa, ardından 17 km. uzağa taşındık. Bütün bu hayallerimde kayınvalidemi merkeze koymam, imgelemelerimle ondan uzaklaşmam ondan kurtulmak istediğim gibi bir düşünce akıllara getirebilir. Ama hayır. Uzaklaşmak istemem kendi hayatımı elime alma arzusundan ileri geliyordu. Kendi hayatımı kendim yönetmek istiyordum. Çekirdek ailemle ilgili kararları hatalarıyla, sevaplarıyla kendimizin almasını istiyordum. Ben, ben olmak istiyordum. Oldum da... Ben, beni sevince de mutlu bir aile olduk.

Kendi evime taşınınca bu sefer de doğru bir insan olmaya, doğru işler yapmaya, çevreme mutluluk saçmaya ve başarılı olmaya niyet ettim. Paraya hiç odaklanmadım, çünkü biliyordum ki iyi işler yaparsam para da arkasından gelirdi. Geldi de...

Yaşadıklarım paranın önemini bana gayet iyi öğretti. Salt para belki mutluluk getirmiyordu ama parasızlık mutsuzluk getiriyordu. Onu kazanmanın zorluğunu, yokluğunun perişanlığını acı bir şekilde yaşamıştım.

Paranın kıymetini bilin...

Paranın kıymetini bilmeyen çocuğuna, babası bir gün ders vermek amacıyla, "Bundan sonra sana harçlık yok. Kendi paranı kendin kazan ve artık bu eve biraz katkıda bulun," der.

Çocuk önce dayınsından borç alır. Aldığı arayı babasına getirir. Babası çocuğun verdiği parayı alır, sobaya atar!

Ertesi gün çocuk gider bu sefer halasından para ister ve alır. Halasından aldığı parayı da yine getirir babasına verir. Babası tekrar çocuğun verdiği parayı alır ve sobaya atar.

Ertesi gün çocuk gider amcasından borç alır. Bu sefer de amcasından aldığı parayı babasına verir. Babası tekrar çocuğun verdiği parayı alır ve sobaya atar.

Bir gün gelir, artık çocuğa kimse borç vermez. İş başa düşmüştür. Çocuk bir küfe bulur. Hale gelir, akşama kadar orada hamallık yapar. Biraz para kazanır. Akşam eve döndüğünde kazandığı parayı yine babasına verir.

Babası oğlundan aldığı parayı tıpkı diğer aldığı paralara yaptığı gibi sobaya atmak için doğrulup uzandığında çocuk sıçrar ve babasının elini tutar.

Bir taraftan babasının koluna yapışırken bir taraftan da babasına yüksek sesle bağırır:

"Baba sen ne yapıyorsun? Sakın bu parayı sobaya atma. Benim bu parayı kazanmak için akşama kadar iflahım kesildi, mahvoldum," der!

Siz paranın kıymetini bilir ve ona değer verirseniz, parada sizi sever ve size gelir. Ama yeter ki hayattaki tek düşünceniz para olmasın. Aksi takdirde değerlerinizi kaybedersiniz.

Para Kazanmaya Takılmayın

Para kazanmaya takıldığınız anda egonuz, hırsınız devreye girer. Siz tevekküllü olun, Yüce Yaradan zaten size hak ettiğinizi verir. Değerlerinize, inançlarınıza sahip çıkın. Dualarınızı, temennilerinizi, niyetlerinizi sevgiyle, bütünün ve kendinizin hayrı için yapın, Allah'ın ışığından ayrılmayın, sıkı sıkı bu duygulara tutunun istediğiniz her şeyi başarabilirsiniz. Yeter ki isteyin.

Zaten Yüce Yaradan, "İsteyin," diyor.

İster Kuran'ı hatmederek isteyin, ister iyi dilekler dileyerek, ister konuşarak isteyin. Unutmayın, Allah bize şah damarımızdan daha yakın. Siz iyi niyetle isteyin gerisini evrenin dengesine bırakın. Bütün dilekleriniz gerçek olur. Ama niyet ve inanç çok önemli, bunu unutmayın.

Sakın Şaşalı Hayatlara Kanmayın, Sadece Sevgiyi Arayın

Tanrı sevgidir, sevgi de Tanrı. Günümüzün renkli basınında şaşalı hayatları görüyor ve belki de özeniyoruz. Bazı insanlarda şan, şöhret, para, güzellik kısaca her şey varmış gibi görünüyor. Ve siz onları mutlu sanıyorsunuz... Evet, tabii ki aralarında mutlular da var. Ancak, bu rengârenk dünyada mutsuzluklar inanın daha da çok. Neden boğazdaki yalıların çoğu için uğursuz denir. Bu yalıların laneti uğursuzluğundan değil, onların içinde yaşayanların bitmek bilmez ihtiraslarındandır.

Bir içecek şirketi sahiplerinin içinde bulunduğu davayı hepimiz gazetelerden okuyoruz. Anne üç kızına dava açıyor, kızlar annelerine... Böyle bir şeyi doğanın kabullenmesi mümkün değil. Para hırsı sevginin, göbek bağlarının önüne geçmiş, nefret, öfke ve kin tüm benliklerini ele geçirmiş. İnanın ortadaki müthiş rakamlar hangisine giderse gitsin, hiç birine hayrı olmaz. Ne torunlara, ne de torunların torunlarına... Bu karmik planla, kodlamalarla değer yargıların kaybolduğu bir enerjide kimsenin huzurlu olması mümkün değildir. Bu para onlara şimdiye kadar mutsuzluk getirdi, bundan sonra da mutsuzluk getirecektir.

Onlara tavsiyem, en azından aralarından bir tanesinin bu karmayı kırabilmesi için, öfkeyi bırakıp sevgiyle yaşananları affedip, özür dileyip, aileyi sahiplenmesidir. O sevgi enerjisi bir süre sonra aile bireylerini de çekecektir. Yeter ki birlik ve beraberliği istesinler, sevgiyi tercih etsinler.

Paranın ailelerini bu kadar mahvetmesine izin vermemeleri gerek.

Yapılan bütün iyiliklerin ve kötülüklerin insanın kendisine er ya da geç geri döneceği unutulmamalıdır.

Allah verir ve dener. Alır ve yine dener.

Allah şeytan meleğiyle sohbet ediyormuş.

—Kulların sana ihanet edecek ve isyan edecekler, demiş Şeytan.

—Hayır, demiş Tanrı. Ben onları öyle sevgi dolu bir evren verdim ki, yapmazlar.

Şeytan müstehzi bir şekilde gülümsemiş,

—Haydi, gel iddiaya girelim. Bir kulunu seç, demiş.

Tanrı Eyüp kulunu seçmiş.

—Sen ona her şeyi verdin, Haydi, bakalım elinden tek tek al sahip olduklarını da görelim, bakalım sana isyan edecek mi, etmeyecek mi? demiş Şeytan.

—Tamam, demiş Tanrı ve Eyüp'ün bütün zenginliklerini elinden yavaş yavaş almaya başlamış.

Eyüp, çok zengin iken, bütün malları çeşitli sebeplerle, yok olmuş. Koyunlarını sel götürüp, ekinlerini rüzgâr telef etmiş. Velhâsıl elinde dünyalık bir şey kalmamış.

Bundan sonra da Allah, Eyüp kulunun bedenine bir hastalık vermiş. Hastalığı gittikçe şiddetlenmiş. Yakınları, akrabaları, onu yalnız bırakmışlar, kimse yardım etmiyormuş. Sadece sadakatli, şefkatli hanımı Rahîme Hatun onu terk etmemiş. Eyüp, hanımının yaptığı kulübede yedi yıl sıkıntı ve ıstırap içinde hâlinden hiç şikâyet etmeden yaşamış.

Bir gün Cebrail aleyhisselâm gelerek, Allahü teâlânın; "Ey Eyüp! Belâ verdim sabrettin! Şimdi ben sana sıhhat ve nimet vereceğim," haberini getirmiş.

Kur'ân-ı Kerim'de bildirildiği üzere Allahü telâlâ, "Ayağını yere vur! Çıkan sudan guslüyle ve soğuğundan iç!" buyurmuş.

Bunları yapan Eyüp aleyhisselâm, genç bir delikanlı hâline gelmiş. Cebrail, kendisine güzel elbiseler giydirmiş. Bu sırada hanımı gelmiş. Eyüp'ü kulübede göremeyince, çok şaşırmış ve Eyüp sormuş:

— Ey hanım! Kimi ararsın?

— Bir hastam vardı. İsmi Eyüp idi. Onu kaybettim, arıyorum. O benim can yoldaşımdı.

— O nasıl bir kimseydi?

— Sağlıklı iken aynen sana benzerdi.

— Ey Rahîme! O hasta olan Eyüp işte benim. Allahü telâlâ bana sıhhat verdi.

Sonra, karı koca birlikte şükredip ağlaşmışlar Yıkık evlerinin yenilenmiş olduğunu ve daha önce elinden alınan mal ve çocuklarının geri verildiğini görmüşler.

Bütün bu olanlar sırasında Eyüp hiç isyan etmemiş. Sabır ve tevekkül ile dualarını devam ettirmeyi sürdürmüş.

Ve Şeytan iddiayı kaybetmiş.

Bu hikâyedir, Eyüp aleyhisselâm sabrını anlatan.

Bu hikâyedir. Allah'ın sevdiği kullarını sınadığına dair bir hikâye...

Allah'ın bu sınavından Eyüp gibi, eşi Rahîme Hanım' da geçmiştir.

O da kocasına her şartta, ne olursa olsun destek olmuştur.

Hayat böyle bir şey işte... Eğer bir gün çok zenginseniz, iflas edebilirsiniz. Sakın paniğe kapılmayın. Sadece bu olaydan dersinizi almaya bakın.

İnanın. İnançlı olursak Allah hiçbir zaman bize sabredemeyeceğimiz acıları vermez.

O şaşalı dediğimiz hayatlarda ne kadar çok mutsuzluk ve sevgisizlik olabileceği ihtimallerine inanamazsınız bile.

Sevgisizlik içinde, göstererek yaşayan, kendi içinde kaybolmuş ve kendini arayan insanlar onlar. Kendi benliğine ulaşamamış olanlar.

Sen sevgi içinde yaşıyorsan, başkalarını da seversin, başkaları da seni sever.

Sen kendine inanırsan, başkalarına da inanırsın, başkaları da sana inanır.

Unutmayalım hepimiz aynı Allah'ın birer parçasıyız.

Çekim Gücü

İsteklerimiz bizim tercihlerimizdir. Çekim gücü denilen şey; ısmarlamak ve sonradan çekmektir.

Bazı insanlar olumsuzu düşünüp düşünüp kendilerine çekerler, sonra da "Aklıma gelen başıma geldi," derler.

Ya da övünürler... "Ben bugün başıma bunun geleceğini çok

iyi biliyordum." Normaldir. Sen bu filmi kaç kere çevirip, oynadın hayalinde. Tabii ki yaşayacaksın.

Çekim gücü, iyi ya da kötü isteyerek, dileyerek yarattığımız durumdur. Neyi istersek onu çekeriz.

Bu nedenle düşüncelerimize, sözlerimize ve hayallerimize çok dikkat etmemiz gerekir.

Negatif bir insan negatif düşünceden, inançsız bir insan inançsız bir düşünceden kabule geçerek arınır.

"Ben kötümserim, kötümser olduğumu kabul ediyor ancak iyimser olmayı kabul ediyorum," deyin.

Önce durumla yüzleş, kabul et, seni rahatlatacaksa dövün, ağla ama sonra zihnindeki olumsuzluklar için bir simge hayal et ve onları sil, iyimser olmaya niyet et.

Benim günlük hayatımda olmuyor mu aksaklıklar? Oluyor ama aslında onlar aksaklıklar değil; öğretiler.

Örneğin; yolu kaçırıyorum ve girdiğim yolda benden biri para istiyor. Düşünüyorum, Yüce Yaradan birinin sebeplenmesi için bana yolu değiştirtti diyorum. Çünkü o kişinin rızkı belki de bende.

Ama bunu örnek olarak veriyorum, çünkü sizden her para isteyen dilenciye para vereceksiniz diye bir şey yok. Eğer durduk yerde veriyorsanız, bu seferde onun karmasına giriyorsunuz. Yardımın doğru yere gitmesi çok önemli.

İyilik Yaparken Dikkat Edin

Ben geçmişte sınırsız iyilik yaparak herkesi mutlu etmeye çalışan bir insandım. Enerji eğitimi alıp, kendimle yüzleştikten sonra bunun doğru olmadığını gördüm. Herkesin bu evrende bir öğretisi var ve siz iyilik yapacağım derken o kişilerin öğretisine giriyorsunuz. "İyilik ettim, kötülük buldum" denir ya, aslında karma planı denilen bir durum var, iyilik yapıp kötülük buluyorsunuz, tekrar iyilik yapıp tekrar kötülük buluyorsunuz. İşte o zaman düşünmek gerekir. Niye iyilik yapıyorsunuz?

Mesela karşınızdaki insandan bir eşyasını isteyin, örneğin yüzüğünü alın.

Türkiye'de yaşıyorsanız, hemen karşınızdaki size onu uzatacaktır.

Sormayacaktır, niye istiyorsun diye.

"Hayır", demeyi bilmiyordur da ondan.

Oysa ben yüzüğü istedim ve bana verdi. Cebime koyup gidebilirim. Bakın ondan sonra kıyamet nasıl kopacak. Arkamdan konuşacak "Yüzüğümü aldı, gitti," diye.

Oysa yüzüğünü bana vermeden, "Niye istiyorsun?" diye sorsa, bir açıklama yapmak zorunda kalacağım ve belki de talebimden hoşlanmayacak, sonunda da yüzüğünü bana vermeyecek. Ama sormadı ve verdi.

Batı ülkelerinde kültür gereği ve hayır demeyi bildiklerinden bu tip bir deneyde, yüzüklerini çıkarıp vermezler, sorarlar, "Niye istiyorsun?" diye.

Eğer sizden biri bir şey istiyor ve siz de sorgusuz sualsiz veriyorsanız, 'dakika bir, gol bir' kaybediyorsunuz.

Ben bunu öğrendikten sonra dengede oldum.

Biz aile kültürümüzden gelen bir şartlanmayla sınırsız evet diyen bir toplumuz. Bu da yanlış ilişkileri çekmemize neden oluyor. İşte buradan hareketle şunu söyleyebiliriz ki:

**SEN İSTEMEDİKTEN SONRA
KİMSE SENİ ÜZEMEZ,
SEN İZİN VERMEDİKTEN SONRA
KİMSE SANA KÖTÜLÜK YAPAMAZ.**

Bakın herkes şikâyet ediyor; "Ben ona şunu yapmıştım da karşılığı bu mu olacaktı, ben onun için saçımı süpürge ettim ama beni aldattı vs..." İşte bütün bunların nedeni, biz izin veriyoruz. Hâlbuki nedenlerini, niçinlerini bilmeden vermek, doğru veriş değildir.

Buda'nın bir sözü vardır; "İyilik yapmayın," der. Çünkü iyilik adına yapılmış her şeyin geri beklemesi vardır. Siz zaten sizde olandan veriyorsanız, istekli veriyorsanız o zaman istediğiniz için vermişsiniz demektir ve bunun adı da iyilik olmaz.

Biz durduk yere arkadaşlarımıza, çevremize verir verir ondan sonra da verişimizin diyetini ödetmek isteriz ki bu çok sağlıksızdır. Dostluklarda, ilişkilerde, beraberliklerde nedensiz vermeye ve şikâyet etmeye alışkınız.

Oysa bazen vermediğimizde ya da neden istediğini sorduğumuzda karşı tarafa asıl o iyiliği yapmış oluruz. Olması gereken, haksızlığı durdurmaktır.

Ben, artık benden bir şey istenildiği zaman soruyorum.

Bu olayı güzel bir örnekle açıklayabiliriz:

Çocuklarınızın haftalığı vardır. Eğer sizden her gün gelip para istese, sorarsınız ona; "Parayı ne yapacaksın?" diye. Çocuklarınızı yaşama hazırlarken verdiğiniz eğitim dâhilinde, onlara her istediklerini sınırsız bir şekilde vermezsiniz. Dünyada en sevdiğiniz varlığa kötülük yapmamak adına bazen istediğini vermiyorsanız, neden istediğini soruyorsanız dışarıdaki ilişkilerinizde neden sormuyorsunuz? Neden iyilik kisvesi altında verip duruyorsunuz?

Kabule geçmek çok önemli. Ama ilişkilerimizi daha doğru ve güzel yaşayabilmemiz için her şeyi kabul etmeden önce sorgulamamız gerekli.

Bazı insanlar evren tarafından hayatlarında bir sınava tabii tutuluyorlar. Siz o sınava müdahale edip, o anda belki ona yardımcı oluyorsunuz ama karmasına girip, onun öğrenmesi gereken dersi engelliyorsunuz, aynı zamanda kendi karmanızı da etkiliyorsunuz. Bırakacaksınız o dersini tek başına alsın, sınavını tek başına bitirsin.

Bana yapılan haksızlıklar karşısında artık ben kendime soruyorum?: "Ben acaba neyi yanlış yaptım ki, bu insanlar bana bunu yaptı, bu olaydaki dersim ne?"

Karşımdakinin bir görevli olduğunu, beni sınadığını düşünüyorum.

Merkeze hep kendinizi koyun. Kendinizi sevin, hem de çok sevin ve size haksızlık gibi gelen durumlar karşısında başkaları yerine kendinizi sorgulayın.

DÖNÜP KENDİNİZE BAKIN.

SUÇLU ARAMAYIN.

NEDEN ARAMAYIN.

BİZ KENDİMİZLE YÜZLEŞTİĞİMİZDE HAYAT KOLAYLAŞIR.

Yüzüğü verirken de bir düşünün. Neden veriyorsunuz, neden verme ihtiyacı duyuyorsunuz?

İlişkilerinizde...
Gidene kal demeyeceksin..
Gidenlere kal demek zavallılara,
Kalana git demek terbiyesizlere,
Dönmeyene dön demek acizlere,
Hak edene git demek asillere yakışır..
Kimseye hak ettiğinden fazla değer verme,
Yoksa değersiz olan hep sen olursun.
Kendinize...
Düşün…
Kim üzebilir seni senden başka?
Kim doldurabilir içindeki boşluğu sen istemezsen?
Kim mutlu edebilir seni?
Sen hazır değilsen?
Kim yıkar yıpratır sen izin vermezsen?
Kim sever seni sen kendini sevmezsen?
Her şey senle başlar senle de biter.
Yaşantınızda...
Tükettirme içindeki yaşama sevgisini
Ya çare sizsinizdir ya da çaresizsiniz
Öyle bir hayat yaşadım ki, cenneti de gördüm cehennemi de.
Öyle bir aşk yaşadım ki, tutkuyu da gördüm pes etmeyi de
Bazıları seyrederken hayatı en önden, kendimi sahnede buldum.
Oynadım.
Öyle bir rol vermişler ki, okudum okudum anlamadım.
Kendi kendime konuştum bazen evimde,
Hem kızdım hem güldüm halime…
Söz ver...
Sonra dedim ki söz ver kendine.
Denizleri seviyorsan dalgaları da seveceksin,
Sevilmek istiyorsan sevmeyi de bileceksin,
Uçmayı biliyorsan düşmeyi de bileceksin,
Korkarak yaşıyorsan yalnızca hayatı seyredeceksin…
Öyle bir hayat yaşadım ki, son yolculukları erken tanıdım.
Öyle değerliymiş ki zaman, acele etmem bundan anladım.

Nietzsche

İlgisiz Kocaların Eşlerine Duyurulur: Sevgi Enerjisi Yaratın

Sevgili eşim sekiz ay boyunca her gün hastaneye beni ziyarete geldi. Hep yanımdaydı. İşten çıktığı saatte adaya vapur seferleri bitmiş olurdu, motorla geliyordu yanıma. Önce bana uğruyordu, sonra bebeğimizin yanına gidiyordu. Kocam sekiz ay uyku uyumadı. Bebeğimizi bekledi, beni bekledi...

Bugün toplumumuzda eşlerinin kendisine olan ilgisizliğinden yakınan çok sayıda insan var. Bu kadınların ya da erkeklerin önce şunu düşünmeleri gerek: Ne yapıyorlar ki ilgisizlik enerjisini çekiyorlar? Nasıl bir düşünce içerisindeler? Düşünceler çok önemlidir hayatımızda. İlgisizlikten yakınanların, eşlerine, kalplerinden sevgi göndermeleri, sevgi enerjisini çıkarmaları gerekir.

Bazı kadınlar vardır; arkadaşlarıyla bir araya gelirler ve hep kocalarından şikâyet ederler. O olumsuz enerji büyür de büyür. Akşam koca eve geldiğinde bir bağırıyorsa, on bağırmaya başlar. Bütün gün sabahtan akşama arkadaşlarıyla olumsuz sevgisizlik enerjisi büyüten, çayın ya da kahvenin yanında kocayı meze yapan kadındır bunun sorumlusu. Adama bütün gün sevgini gönderme, devamlı şikâyet et, ilişkini sevgi halinde anlatma, kendini aldat, ondan sonra kocadan ilgi bekle. Yok böyle bir şey. Kutupların aksine aynı enerjiler birbirlerini çeker. Sevgi enerjisi yaratan sevgi bulur, bunun istisnası yoktur.

Önce düşünelim, kendimizi seviyor muyuz? Biz kendimizi seversek kocamız da bizi sever. Biz kendimize güvenirsek herkes bize güvenir. Aynı şekilde biz kendimize inanırsak, herkes bize inanır. Siz kendinizi sevmezseniz, kendinize inanmaz ve değer vermezseniz, zaman ayırmazsanız, bunları eşiniz de sizin için yapmaz. Önce aynada kendinize bir bakın. Ben kendime döndüğüm anda hayatımı değiştirdim. Hem de her konuda. Biz bir mucizeyiz. Mucize bizim içimizde.

Ayna ve Güzellik

Gözlerimin ışığı güneşten daha aydınlıktır.

La Fontaine

Sabahları uyanınca geçin aynanın karşısına ve göz bebeklerinize bakın... Gözleriniz parlayana kadar aynanın karşısında ne kadar güzel olduğunuzu ve kendinizi çok sevdiğinizi defalarca tekrarlayın.

Unutmayın ki, güzel olmak için veya güzel görünmek için okka gibi bir buruna, kadınsanız 90-60-90 ölçülerinde bir bedene, sütun gibi bacaklara sahip olmanıza gerek yok. Gülümseyen bir yüz ve pırıl pırıl parlayan gözler güzelliğin en büyük anahtarıdır.

İnsanlar sizin burnunuzdan değil ışığınızdan etkilenirler. Haydi, önce içinizdeki ışığı yakın ve aydınlatın çevrenizi.

Aldatanlar Aldatılma Enerjisini Çekerler

21. yüzyıldayız ve turbo kapitalizm ile birlikte dünyanın yaşam enerjisi çok kirlendi. Hollywood sinemasında bile yarattıklarından şikâyetçi olan ve onları yok etmeye çalışan Tanrı güzellemeleri ortaya çıktı. "Legion" filmi bunun çarpıcı örneklerindendir. Filmde, Tanrı, yarattıklarının yaptıklarından bıkmış; birbirlerini aldatan, öldüren, nefretle yaşayan insanlıktan umudunu kesmiş ve kıyameti koparma zamanının geldiğine karar vermiştir. Ama Melek Mikail, Tanrı'nın kıyamet isteğine karşı gelerek, insanlığa olan güveninden dolayı, insanları kurtarmak için son bir girişimde bulunur. Melek Mikail, Tanrının emrinde olan Melek Cebrail ile sevgiyi hala yaşayan dürüst insanlar uğruna savaşır ve ölümü göze alır. Cebrail, Mikail'i öldürür.

Bir süre sonra Mikail tekrar canlanır. Cebrail şaşırır, oysa onu öldürmüştür. Bu durumdan da anlaşılır ki, savaşı Mikail kazanmıştır.

Aralarında bir konuşma geçer:

Cebrail:

— Ben seni öldürmüştüm, sen Tanrı'nın isteğine karşı geldin, nasıl canlandın yeniden?

Mikail:

— Sen O'nun dediğini yaptın, ben O'na istediğini verdim.

Kıssadan hisse; Tanrı yarattıklarını sevgi ile yarattı ve sevgi içinde yaşamalarını istedi.

Tıpkı söz konusu filmde de olduğu gibi dünyayı tek bir enerji kurtarır: Sevgi enerjisi. Doğu ile Batı arasında her zaman bir yaşam enerjisi dengeleme durumuyla karşılaşıyoruz. Batı çığırından çıkmış bir halde deli gibi çalışıp, deli gibi de tüketirken; Doğu, felsefeleriyle birlikte yaşamı yavaşlatmaktan, dinginlikten ve farkındalıktan vazgeçmiyor.

Erkek mi kadını aldatıyor, kadın mı erkeği, yoksa herkes kendini mi?

Neredeyse her gün eşlerin birbirlerini aldattığını duyuyoruz. Aldatma enerjisi gün geçtikçe büyüyor ve çoğalarak çocuklarımıza, hatta torunlarımızın torunlarına bile karmik bir şekilde sirayet ediyor.

Eskiden toplumumuzda erkek aldatır, kadın aldatmaz denirdi. Hayır, doğru değil, erkek aldatıyorsa kadın da aldatıyordur. Çünkü erkek aldatma enerjisini kadına da yükler. Zaten artık kadınların da aldatma hikâyelerini sık sık duyuyor, okuyoruz.

Unutmayalım ki aldatan, aldatılır. Her zaman bir başka erkekle ya da kadınla değil, bazen de davranışlarla aldatılır. Yani aldatan, aldatılma acısını çekecektir, bu duyguyla yüzleşecektir. Aldatma enerjisi yaratanın, saf enerji ile birlikte olması, buluşması mümkün değildir. Muhakkak aldatılma enerjisinin içinde olacaktır. Yine atalarımıza dönersek, "Sana yapılmasını istemediğin bir şeyi başkasına yapma," deyişi bu durumu özetler.

YAPTIĞINIZ HERŞEY MUHAKKAK SİZE GERİ DÖNER.

Karma yaratır.

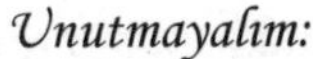

Unutmayalım:

Sevgi sadakati, cesaret itimadı, ihanet intikamı getirir.

Aldatılmak istemiyorsak aldatmayalım.

Herkesin algılama yeteneği vardır, önemli olan bu yeteneği bilmek ve geliştirmektir.

Ben, "hissi kalben vuku" dediğimiz ve bütün ailemin genlerinde varolan hissetme, algılama duygumu geliştirmeyi tercih ettim. Aslında üçüncü göz herkeste vardır ancak bazılarımız bunu algılamayı seçerken, bazıları seçmez.

Çocukluğumdan beri astrolojiye merakım vardı. Fal, tarot, yıldız haritası gibi insanlık hallerine ve geleceğe yönelik bilumum araçlarla ilgileniyordum. Astrolojinin benim mesleğim olmasını istiyor ve bu konuda da çok başarılı olmayı niyet ediyordum.

Eşimin çok yakın bir arkadaşı, sürekli eşini aldatıyordu. Bir hanımla birlikte olmaya başlamıştı ve ben o kadına hem iyi gözle bakmıyor, hem de eşimin o arkadaşıyla görüşmesini kesinlikle istemiyordum. Eşimi yoldan çıkaracağından korkuyordum. Ama ilginç bir şey oldu ve o kadın beni 'enerji'yle tanıştırdı. Hastanede düşünce gücü ile tanışmıştım, bu seferde enerjiyle buluştum.

O eleştirdiğim kadın benim hayatımı öylesine güzel ve derinden etkiledi ki, şimdi geriye dönüp baktığımda düşüncelerimden utanıyorum. Hayatımızdaki herkesin bir misyonu vardır, yeter ki biz algılayalım. Zaten o günden sonra da kimseyi yaşadıklarından dolayı yargılamadım. Herkes yaşamında kendi sınavından geçiyor. Biz kim oluyoruz da insanları yargılıyoruz?

Halil Cibran der ki; "O ki hayat ırmağından bir bardak su içmeye hak kazanmış, siz mi değerlendireceksiniz?"

Tanrı'mdan özür diledim, onu çok sevdiğimi söyledim, teşekkür ettim ve o kadın hakkındaki düşüncemi değiştirdim.

Hayatımızdaki herkesin bir misyonu vardır dedim ya... İşte size bir başka örnek: İtalyan bir arkadaşım da evimin enerjisinin yanlış olduğunu konusunda beni uyarmıştı. Arkadaşım bana, "Hemen objelerin yerini değiştirelim ve evin enerjisini düzenleyelim,",dedi. Feng Shui ile de böyle tanıştım.

Zamanla müşteri portföyüm arttıkça ve çevrem genişledikçe, değişik insanlarla tanışmaya ve onlarla çalışmaya başladım.

Çok sevdiğim bir bankanın müdürü de beni Cem Avunduk ile tanıştırarak hayatıma Reiki'yi soktu.

Sonra da bütün bunların eğitimini teker teker aldım ve hayatımda uygulamaya başladım. Enerjim yükseldi ve çevreme yüksek enerjili kişileri çekmeye başladım. Hayatımda bana benzemeyen hiç kimse kalmadı. Ben bana benzeyenlerle tanışmaya, bana benzeyenlerle görüşmeye başladım. Belki de ben, kendimdeki mucizeyi gördükçe, kendime benzeyen insanları çekmeye başladım.

Gün be gün hayatımda gerçekleşen mucizelerin sayısı arttı. Ne panik atağım kaldı, ne de herhangi bir rahatsızlığım.

İşte tam da o zamanlarda hayatıma çok önemli bir devlet adamının eşi girdi. Bana, "Nuray, sen bu işte çok iyisin, üçüncü gözün çok açık, senin misyonun bu olmalı," dedi.

Ben de artık bu işle profesyonel olarak ilgilenme zamanının geldiğini düşünüp, kendi ofisimi kurdum. Böylelikle evde kendimce ilgilendiğim hobimi profesyonel bir şekilde ofisime taşıdım.

Ofisim için niyet ederken Akmerkez'in resmini kesip, evimdeki kariyer köşeme koymuştum. İmgeledim yani. Enerji işte; resmi kesmemden kısa bir süre sonra çok güzel bir ofise taşındım. Ofisim Akmerkez manzaralı oldu. Kitabın ilerleyen bölümlerinde bu olayı anlatacağım.

Büyü ve Nazar

Enerjiyle tanıştıktan sonra hayatımda ne büyü ne nazar kaldı.

Telekinezi denilen bir olay vardır. Maddeyi düşünce gücüyle harekete geçirmeye telekinezi denir. Büyü, istemli telekinezidir. Yani maddeler aracılığıyla, imgeler ve enerji gönderirsiniz ki tehlikelidir. Niyetinize bağlı olarak gönderdiğiniz enerji size geri döner. Eğer birilerini ayırmak için büyük yaparsanız, başkalarının karmasına girersiniz. Ve hiç unutmayın, o ayrılık enerjisinden er ya da geç siz de nasibinizi alırsınız ve ayrılık acısını yaşarsınız. Büyü, dinimizce de çok büyük günahtır. Varlığını bilin ama muhakkak uzak durun.

Nazar ise istemsiz telekinezidir. Yani bir şeyi o kadar beğenir veya kıskanırsınız ki, karşınızdakini istemeden etkilersiniz.

Ben nazardan korunmak için üzerimde ayna, kristal ya da pırlanta taşıyorum. Bu objeler bana yöneltilen olumsuz enerjileri geri gönderiyor. Aynı şekilde evimin girişine de bir ayna astım. İçeriye negatif enerji girmiyor. Ben nazara bluetooth diyorum. Hani cep telefonlarımızda var ya, enerji kanalları ile bir bilgiyi bir telefondan diğer telefona aktarıyorsunuz. Aynen böyle bir şey.

Bu enerjilerin gözle görülmüyor olması, varolmaması anlamına gelmiyor. Tıpkı gelen sinyallerin cep telefonlarımızı çaldırdığı gibi; yükle, gönder.

Büyü ve nazar bir düşünce gücüdür; ben artık onları düşünmediğim için çekmiyorum da.

Aura

Bu noktada auradan da bahsetmek gerek. Aura bizim bedenimizi kaplayan bir enerji, ışık kütlesidir. Bizim zırhımızdır. İyi düşünceler ve niyetlerimizle auramızı güçlendiririz. Sevgi enerjisi auramızı güçlü kılar. Tıpkı bedenimizin etrafındaki bir kalkan misali bizi korur. Aurası geniş olan kimselere olumsuz enerjiler zarar veremez. Aynen dünyamızı çevreleyen ozon tabakası gibi olumsuz ışınların içeriye girmesini engeller. Auramız ne kadar güçlü olursa, nazardan ve büyüden de o derece korunuruz.

Hep söylüyor ve bir daha tekrarlıyorum:

SEVGİ ENERJİSİ İLE YAŞAMAYI TERCİH EDERSENİZ,
SEVGİ ENERJİSİNİ ÇEKERSİNİZ.

Formül bu kadar basit işte... Hala insanların neden nefret enerjisi ile yaşamayı tercih ettiklerini anlamıyorum. Yani güzel kokulu, rengârenk çiçek bahçeleri içinde yaşamak dururken, çalı çırpıyı seçmek neden?

Sıkıntılı ortamlarda bazıları 'nazar var' der. Bense karşımdaki kişi ya da kişilerle nasıl bir benzerliğim, onlarda nasıl bir yansımam var ki daralıyorum diye düşünürüm.

Bazı ortamlarda nefes alamayız... Unutmayın ki karşınızdakilerde 'sevmediğiniz her şey sizde olan bir parçadır'.

Halamın hastalığının bana kodlanması ve evlendikten sonra yaşadığım çeşitli sorunlar nedeniyle nefes alamama duygusuyla ciğerlerimi durdurdum ve vereme yakalandım.

Sizlerinde başına gelmiştir; bazı olaylar karşısında nefesimiz kesilir ve yüreğimiz daralır. Çoğu zaman o sıkıntılı ortamı terk etmeyi düşünürüz. Ancak terk etmek sadece bir kaçıştır. Nefes alamama, daralma duygusu bize kendimizle ilgili bir sorunu işaret etmektedir aslında. Böyle anlarda, sakince, "Burada ben neyi öğreniyorum, neyle yüzleşiyorum, ne var benim içimde beni sıkıştıran, bana o sıkıntıyı hatırlatan?" diye sorup, gerçekle yüzleşmemiz gerekir.

Böyle bir durumla karşılaştığınızda kendi kendinize şu olumlamayı söyleyin ve sözlerinizi sevgiyle evrene yollayın.

"Ben şu an yaşadığım her şeyi kabul ediyorum."

Eğer bazı insanların yanında sözünü ettiğimiz türden fiziksel ve duygusal sıkıntılar yaşıyorsanız, karşınızdaki insanda sizde de varolan benzer bir özellik sizi rahatsız ediyordur. Size, kalbinizin derinliklerindeki bir yarayı hatırlatıyordur. Bunu aklınızla bilip, çözemeseniz de bedeniniz durumun farkındadır ve fiziksel bir rahatsızlıkla farkındalığını size gösterir. Bu uyarıyı sevgiyle kabul edin, yüzleşin, olumlayın ve sevgiyle evrene yollayın.

Biz, bize benzemeyen hiç bir yerde bulunmayız. Biz, bize benzeyen her şeyin içindeyiz, onların içinde ve onlarla varız, varolmayı seçeriz. Farkında olsak da, olmasak da...

Birisiyle geçinemiyor musunuz? Onu sevmeyi seçin. "Bana neyi öğretiyor? Benim neyle yüzleşmem lazım?" diye sorun kendinize. Sizi yaratan büyük güç, onu da yarattı. Biz ne kadar O'nun parçasıysak, karşımızdaki de o kadar O'nun parçasıdır. Yaradan, yarattıklarıyla yarattıklarını sınar. Allah, kimilerine çektirme gücünü vermiş, kimilerine de çekme.

Kayınvalidemin evliliğimin ilk günlerinde çektirme gücü varmış. Ama bana ne de çok şey öğretmiş. Çektiklerim bana ödülmüş. Ben ömrümün sonuna kadar kayınvalidemin hakkını ödeyemem.

Kayınvalidem benim için bir aynaymış. Ben onun yaşadıklarını yaşamışım. Bana ne büyük bir ödül vermiş. Beni ben yaptığı için, adaletsizlik ve haksızlıktan uzak durmama vesile olduğu için ona teşekkür ediyorum. Ona borçluyum, hayatta yol almamı sağladı. Her şeyden önemlisi, O, çok sevdiğim eşimin annesi;

eşimi bu dünyaya O getirdi. Sadece bu neden bile ona kızmama, öfkelenmeme engeldir. Ben onun bir parçası ile birlikteyim.

Sevmediğiniz her şeyde sizden bir parça vardır. O yüzden sevmiyorsunuzdur. Karşınızdakinde neyi sevmediğinizi arayın, kendinizi kandırdığınız gerçeğiyle yüzleşin ve onu sevmeye çalışın. Yeter ki buna izin verin. Ben bunu keşfettim ve mutluyum.

Negatif duygularınızı yok saymayın.

Bazı insanlar olumsuzluklardan kaçar ve hayata Pollyana gibi bakarlar. Bu da yanlış bir tutum. Tabii ki Pollyana gibi olumlu olmak güzeldir hayatta ama kendimizle de yüzleşmeliyiz. Önce olumsuz duygunun nedenlerini araştırıp, kabule geçmek lazım. Bastırılan olumsuz duygular bir sonraki aşamada su yüzüne çıkarlar. İçimizde bir tümör gibi büyüyüp dururlar. Sorunlarımızla yüzleşmemiz gerek.

Ben, panik atak bozukluğumun beynimin bana bir oyunu olduğu gerçeğiyle yüzleşince atlattım.

Panik Atak Hastalarına Duyurulur!

Panik atak bozukluğu genellikle olumlu kişilerde olur ve buna entelektüel hastalığı denir. Kişiler olumlu olmak uğruna, problemlerinden daimî olarak kaçıp dururlar. Sorunlarını içlerine atarlar. Bir süre sonra bu alışkanlık haline gelir ve olumsuzlukları içlerine attıklarını bile fark etmezler. Bu durum gündelik yaşamlarının bir parçası haline gelir. Ne zaman ki düdüklü tencerenin içindeki su kaynamaya başlar, düdük tıslayıp durur. İşte bu tıslama bir uyarıdır. Panik atak şeklinde kendini gösterir.

Hasta, fizyolojik bir rahatsızlığı olduğu düşüncesi ile doktor doktor dolaşır. Çarpıntısı olduğu için kardiyologa gider, guatr düşüncesiyle hastanelerin endokrinoloji bölümlerini dolaşır, nefes alamadığı için göğüs hastalıkları bölümünü ziyaret eder, beyin MR'ları ve bilumum tahliller neticesinde sağlıklı olduğunu öğrenir. Ancak kişi ölmekte olduğunu düşünüyordur, sağlıklı raporu işe yaramaz. Çünkü nefes alamaz, kalbi yerinde duramaz, başı döner, kan basıncı artar vs…

Panik atak rahatsızlığından mustarip bir müşterim vardı, kalp doktoruna gitmiş. Doktor, "Neyin var?" diye sorunca; "Ahh, doktor bey hiç âşık oldunuz mu? Hani âşık olduğunuz kişiyle buluşacağınız zaman heyecanlanırsınız, kalp atışlarınız dengesizleşir ya, benim rahatsızlığım da hep randevulaşılan ama hiç buluşulamayan sevgili gibi…" demiş. Bu komik ve olumlu bir yorumdur. Ama ben bu rahatsızlığı geçirirken, kalbimin duracağından ya da beyin kanaması geçireceğimden korkuyordum.

Panik atak bozukluğu, korkudan korkmaktır. Eğer sizin de böyle bir rahatsızlığınız varsa, önce sakin olmayı deneyin. Bu beyninizin size oynadığı bir oyundur. Sorunları, olumsuz düşünceleri biriktire biriktire beyin kimyanızı bozmuşunuzdur. En büyük panik atak krizi 5 dakikayı geçmez. Öncelikle bunu bilmek sizi rahatlatacaktır. Atak sırasında ölüm korkusu yaşarsınız. Rahat olun; "Tamam, ölürsem öleyim," diyerek kendinize meydan okuyun. Bakın o zaman nasıl rahatlayacaksınız, göreceksiniz ki ölmüyorsunuz. Çünkü şu ana kadar panik atak nedeniyle kimse ölmemiş.

Ama bu rahatsızlıkla baş edemiyorsanız, kendi kendinizi tedavi etmeye çalışmaya ya da hastalığınızı bastırmaya çalışmaya bir son vermelisiniz. İyi bir psikiyatra gidip, doktor kontrolünde antidepresan ilaçlara başlamanız sizin yararınıza olacaktır.

Ben, panik atağımı kabullenerek atlattım. Bu rahatsızlığı geçirdiğim dönemde hastalık bugünkü kadar bilinmiyordu. Bana, "Seni cin çarpmış," bile dediler. Cahillik işte. Üzerimde panik ataktan kurtulmak istediğim için muska taşıdığım dönemler bile oldu. Ama biliyor musunuz, o iyi geldi. Düşünce gücü işte; o muskanın beni koruyacağını düşünüyordum. Eğer başarabiliyorsanız, inanırsanız başarırsınız da, bunu beyninizin yarattığını kabul edin. O zaman hiç bir şeyiniz kalmayacak. Ben bilmeden muskayı kodlamış ve beni iyi edeceğini düşünmüştüm.

Söylediklerim yanlış anlaşılmasın; panik atağınızı geçirmek için muska taşımanızı önermiyorum, sadece sağlıklı olduğunuzu size hatırlatacak bir objeyi sembol olarak taşımaktan söz ediyorum.

Tıpkı nazardan korunmak için nazar boncuğu taşımak gibi...

Düşünce Gücüyle Maddeleri Kodlamak

Maddeleri kodlayarak dileklerimizi, isteklerimizi kendimize hatırlatabiliriz. Maddelere güzel, sevgi dolu enerjiler verirsek ve onları yaşam alanlarımızın görülür yerlerine koyarsak, dileklerimizi hatırlayıp, tekrar tekrar imgeleyebiliriz.

Sol köşene bak, parayı düşün, mutluluk ve bereket içerisindesin. Sol köşenize, zenginlik resimleri asın.

Sağ köşene bak, ilişkini düşün, hatırlatsın sana... Mutlu aşk resimleri koyun ya da aşkı imgeleyecek maddeler...

Hani hep dört yapraklı yonca arar dururuz, şans için. Bulduğumuzda talihimizin değiştiğini zannederiz. Bilmeyerek, yoncaya şans enerjisini yüklemişizdir. Aslında yoncanın kerameti sıçrama yaratmaktır. Kuantum sıçraması...

Bu sıçramayı yoncayla, erguvanla, herhangi bir objeyle yaratabilirsiniz. İnanç, niyet ve hareket kuantum sıçraması yaratarak hayatımızı güzel bir şekilde değiştirmek için yeterlidir. Obje, sadece hatırlatma amaçlıdır.

Sayar Astroloji Merkezi'ni kurduğumda, ilk ofisimin önünde erguvan ağacı vardı ve ben o ağaca ne enerjiler yükledim.

Erguvanların ve Erguvan Renginin Hayatımızdaki Yeri...

Erguvan benim için uğurlu bir ağaçtır. Belki de ben kendimi öyle şartlandırdım. Mor rengi ofisimin önündeki erguvan ağacı nedeniyle sevdim.

Şimdi cüzdanımda eflatun bir kurdele taşıyorum. Bana bolluğu bereketi hatırlatsın diye...

Erguvan rengi bizim hem kalp çakramızın hem de tepe çakramızın enerji dönüşümlerini hızlandırır. Çakra konusuna kitabın sonraki bölümünde değineceğim, ama konu gelmişken söyleyeyim; baharın uyanışını sembolize eden bu ağaç ve renk bize bereket sağlar. Mor renk yeniden dirilişi simgeler. Bu rengin pek çok mistik anlamları vardır. Toplumumuzda, erguvan ağaçları çiçek açtığında edilen duaların kabul olunacağına inanan bir kesim vardır. Ağacı sevgiyle, hayırla, inançla kodlayan bir kesimin bu inançları Bursa'da şenliklerle kutlanır.

Erguvan ağacının İngilizce adı 'Judas Tree'dir yani 'Yahuda Ağacı'.

Hıristiyanlar, İsa'yı gammazlayan Yahuda'nın, ihanetin utancıyla kendini bu ağaca asmasından sonra ağacın beyaz olan çiçeklerinin bu utançtan ötürü mora döndüklerine inanırlar. Bu nedenle dünyada erguvan ormanlarının en bol olduğu Judea bölgesi (İsrail), erguvanın ana vatanı olarak kabul edilir. İkinci vatan olarak da tarihimizde Osmanlı'nın ve İstanbul'un adı geçer.

Yedi sene kaldım önünde erguvan ağacı olan ofisimde. İnanır mısınız, o ağacı her gün severdim ve onunla konuşurdum. Ben ofisten taşındıktan sonra, o ağaç kurumuş. Çok üzüldüm.

O ofiste çok başarılı işler yaptım, güzel insanlarla bir arada oldum, birçok insanın hayatını kolaylaştırdım ve ilk sloganımı yine o ofiste ürettim:

"ASTROLOİJİYE KADER OLARAK BAKMAYIN SADECE HAYATINIZI KOLAYLAŞTIRIN, KARANLIK NOKTALARINIZDAN ARININ, YOL REHBERİNİZ OLSUN, IŞIKSIZ GECELERİNİZDE EL FENERİNİZ OLSUN."

Ben hayata böyle bakıyorum.

Hiç bir şeyi kader olarak görmüyor, istediğimi, dilediğimi beni yaratan güçle birlikte oluşturuyorum. Ben Allah'ın bir parçasıyım.

Bütün Canlılarla İletişim İçindeyiz

Doğadaki her şey Allah'ın bir parçasıdır. Bitkiler de öyle...

Komiktir, Levent'teki evimde hiç çiçek yetişmezdi. Annem, bilinçaltıma çiçeklerin bu mekânı sevmediklerini işlemişti. Ben de çiçeklerimle olan iletişimimde başarılı olamamıştım ve eve gelen bütün çiçekleri solduruyordum.

Ofisimde de çiçekler ölüyordu. Orada da asistanım, "Burada çiçek yetişmiyor, insanların negatif enerjileri toplanıyor," derdi. Ama ofise taşındığımda enerjiyle tanışmıştım, bilincim de temizdi; hala çiçeklerin neden solduğunu anlamıyordum. Çok sonradan anladım ki, asistanım bu sözlerle kolayına kaçıyormuş, sulamamak için!

Farkındalığın Farkındalığına Varın

Farkındalığın farkında olduğumuz zaman, kapımızın önündeki ağacı görebiliriz ya da dolaştığımız yerdeki muhteşem enerjileri hissedebiliriz. Ama farkında değilsek, hiçbir şeyi göremeden, hissedemeden gider geliriz. Kendinizi fark ettiğinizde hayatın güzelliklerini de fark edersiniz.

Limon ağacınız var ama ekşi sevmiyorsunuz, o zaman LİMONATA yapın.

Hayatta her şeyin keyfini çıkarabilirsiniz. Limon ağzınızı kamaştırıyorsa, ekşiyi sevmiyorsanız, sıcak bir günde limonata size müthiş bir haz verebilir. Her an sizin için kıymetli ve önemlidir. Anınızı sakın kaçırmayın. Nasıl yaşamayı tercih ediyorsanız, öyle yaşarsınız. İster saltanat içinde, ister bitik ve halsiz bir şekilde. Nasıl yaşayacağınız sizin kararınızdır.

Seçerek, isteyerek, dileyerek yaşıyoruz ve her düşündüğümüz an bir tohum ekiyoruz hayata. Ektiğiniz tohumu yeşerte bilirsiniz ya da yok edebilirsiniz. Ama öncelikle ne tohumu ekmek istediğinize karar verip, sonra o tohumu ekip, ardından da yeşertmeniz gereklidir. Bunun için de sabır önemlidir.

Ben bir Nuray değilim, milyon tane Nuray'ım, ama milyonun tamamını güzellikle bir araya getiren biriyim. Ben de her insan gibi bir mucizeyim. Ancak benim farkım, bir mucize olduğumu bilmemden ileri geliyor.

Milyonlarca sperm arasında, tek bir sperm döllüyor yumurtayı. Herkes gibi ben de çok şanslıyım. Dünyaya gelmeyi seçtim. Anneme babama teşekkür ediyorum. Hayata gelmeme onlar vesile oldular. Ben bir başka boyuttan bu boyuta gelmeyi seçtim.

İsyan etmek, olumsuz düşünmek bize hiç bir fayda sağlamaz. Tersine, olumsuz enerji yaydığımızda olumsuz enerji ile buluşuruz.

YAŞADIĞIMIZ HERŞEYİN SORUMLUSU BİZLERİZ.

Farkındalık içindeki senle yüzleşmektir. Olumsuz olaylar yaşadığımızda bunun yarattığı duygudan kurtulmak, arınmak istiyorsak önce KABULE geçeceğiz. Korkaksak korkak olduğumuzla, yalancıysak yalancı olduğumuzla, aldatıyorsak aldatan biri olduğumuzla, enerjisi düşük biriysek enerjimizin düşük olduğuyla yüzleşmemiz gerek. Sonra da niyet edip, içimizdeki olumsuz düşünceleri olumlu olanla değiştirelim. O kadar kolay, o kadar basit. "Hadi oradan canım," diyenler, onun tuzu kuru diyenler, O TUZ ISLAKTI BEN KURUTTUM, siz de kurutun.

Kendini kandırmak, Pollyanna olmak diyorlar.

Ben burada tam tersi öğütlüyorum; kendini kandırma kendinle yüzleş diyorum, kendini olduğun gibi kabullen diyorum.

Bir dene, sonra zaten inanacaksın, inandığında da hayatını değiştireceksin.

Sana öyle geliyor, diyorlar. O zaman sana da öyle gelsin.

Sen buna izin ver. İzin verdiğimiz anda her şeyi değiştiriyoruz.

Ben daha kırk günlükken öldüğümü söylediler, ama ben yaşamayı seçmiştim.

Hamilelik ertesinde öleceksin dediler, ben tekrar yaşamayı seçtim.

Bütün bu deneyimler sırasında enerjiyle tanıştım.

Bu alanda hala öğreniyorum; öğrendiklerimi başkalarıyla paylaşıyorum.

Benim deneyimlerimi kullanın, diyorum.

Ben kendimi seviyor ve o nedenle de çok seviliyorum.

Sen de kendini seversen ve şikâyet etmeyi bırakırsan seni de severler.

Eleştirmeyi bırakırsan eleştirilmezsin.

Her şey sende başlıyor ve sende bitiyor.

Mucize senin içinde, mucize sensin.

Gerçek senin içinde, sadece niyet et içindeki gerçeği çıkarmaya.

Bana olumsuzlukları anlatan insanlara soruyorum; bütün bu olayların arasında sen nerdesin?

Ya da senin orada ne işin var?

Kendini bulan mutlu oluyor.

Anlamayan ise kayboluyor. Bazı insanlar sürünerek, bazıları ise neşeyle uyanmayı seçiyor.

SEÇİMLERİMİZ

"Hayır" Deme Gücüne Erişmediğimizde
Ne İlişkilerimizde, Ne Hayatımızda,
Ne İşimizde Ne De Başka Bir Şeyde
Gerçek Anlamda Evet Diyemeyiz.
Olumlu, Güçlü Değişimler Yapmak İçin Beklemek Zorunda Değiliz.
Okula Gitmek Zorunda Değilsin.
Savaşa Gitmek Zorunda Değilsin.
İşe Gitmek Zorunda Değilsin.
Evli Olmak Zorunda Değilsin.
Çocuk Yapmak Zorunda Değilsin.
Başkalarının Beklentilerine Ve Arzularına Göre Davranmak Zorunda Değilsin.
Hiçbir Şey Yapmak Zorunda Değilsin...
Sadece Yaptığın Ve Yapmadığın Her Şeyin
Sonuçlarına Hazır Ol.
İşte O Zaman Hayat Görevler Yığınından Olanaklar Yığınına Dönüşür.
O Zaman Mucizeler Olur.

Dan Millman

Şimdi bir oyun oynayalım, isteğimizi belirtelim.

ALIN YAZINIZI SİZ YAZACAK OLSAYDINIZ NE YAZARDINIZ?

ALNIMA DEĞİL KÂĞIDA YAZIYORUM.

.... 'de/da doğmak isterdim.

.................................annem ve babam olmasını isterdim.

.........................'de/da eğitim görmek isterdim, göreceğim.

......................................marka arabam olsun istiyorum.

....mesleğini yapmak istiyorum.

..............................hobisi(leri) ile ilgilenmek istiyorum.

....ile evlenmek istiyorum.

....tane çocuğum olsun istiyorum.

Banka hesabımda.. istiyorum.

....yaşamak istiyorum.

....'de/da oturmak istiyorum.

....olmak istiyorum.

....'e/a gitmek istiyorum.

....almak istiyorum.

....yapmak istiyorum.

....yapmak istiyorum.

....yapmak istiyorum.

.... istiyorum.

.... istiyorum.

.... istiyorum.

.... istiyorum.

Geçmişi geçmişte bırakın ve şu an ve gelecekle ilgili olanları aşağıya sıralayın. Ve kaderiniz olmasını istediğiniz şeylerin hepsinin yanına resimlerini çizin. Lütfen kendinizi özgür bırakın ve kendiniz için müthiş şeyler isteyin. Hayal kuruyorsunuz; bırakın istekleriniz de hayalleriniz kadar büyük olsun.

Örnek:

Yeni bir aşk istiyorum...

Bebek sahibi olmak istiyorum.................................

Hayal ettiğiniz ve resmini çizdiğiniz dileklerinizin resmini tekrar sırayla çizin ve yanına size onları hatırlatacak objeler yazın. Örneğin para için mor kurdele gibi…

Haydi, tembellik yapmayın ve çizin. Bu kareleri doldurmaya imtina ediyorsanız, bu kitabı boş yere okumayın. Kuantum sıçraması için önemli olan hemen şimdi harekete geçmektir.

Denizi Hissetmek İçin İlla Ki İçine Girmemize Gerek Yok; Suyun Serinliğini Düşünerek de Hissedebiliriz!

İslamiyet ibadetinde beş vakit namaz vardır. Allah'ın bizim kıldığımız namaza ihtiyacı yoktur ama bizim, ruhumuza, bedenimize ve inancımıza ayıracağımız zamana çok ihtiyacımız vardır. Günün o beş vakti kişi bütün problemlerini, telaşlarını, yaşamını bir yana koyarak kendisiyle baş başa kalır. Kalabalık bir camide de namaz kılsa kişi yine kendine döner.

Meditasyon da böyle bir şeydir. Bu turbo çağda kendine dönme, yavaşlama, duyularını açma, ruhsal bir dinlenme...

Telaş içinde olanlar, "Tanrım beni yavaşlat," diye dua etsinler. Ruhen yavaşladığınızda doğru kararlar vereceksiniz.

Birçok kişiye göre yavaşladığım için kitap yazmakta geç kaldım. Bu doğru değil. Birincisi, her şeyin bir zamanı var. İkincisi ise merdivenleri birer birer çıkmayı tercih ettiğim için yavaşlamayı ben seçtim. Yavaşlayınca her şey daha düzgün oluyor. Yoksa kitap yazmayı zamanında şu sözlerle imgeledim: "Ben bir başarı öyküsüyüm ve bir gün hayatımı yazacağım."

DÜŞÜNCE ŞEKLİMİ DEĞİŞTİRDİM, HAYATTA BAŞARILI OLDUM, HAYATI KENDİM İÇİN KOLAYLAŞTIRDIM.

YAVAŞLADIM, DİNGİNLEŞTİM.

DOĞRU DÜŞÜNDÜM, DOĞRU YAŞADIM.

DEĞİŞİME İZİN VERİN.

Yavaşlamak, Dinginleşmek ve Farkındalığa Ulaşmak...

Erich Fromm'a göre teknolojinin artması ve ekonomik gelişmeyle birlikte insanlar bireyselleşiyorlar ve sonunda yalnız kalıyorlar. Bu bireyselleşme ve yalnızlaşma da duygusal körlüğe neden oluyor ve insan kendine yabancılaşıyor.

Kendine yabancılaşan insan, kendisiyle yüzleşemiyor ve bu sarmal içerisinde endişeler, korkular, acılar insan hayatının vazgeçilmezlerine dönüşüyor. Manevi değerlerden uzaklaşılırken dünya maddileşiyor.

Olumsuz ve olumlu hareketlerle düşüncelerin etkileri suya atılan taş misali halka halka genişliyor, bireyden topluma yayılıyor ve sonuçta bize geri dönüyor. Biz duyarlı ve farkında olduğumuz, çocuklarımızı da aynı değerlerle yetiştirdiğimiz takdirde bunun ödülünü öncelikle biz ve ardından da toplum alacaktır.

Öncelikle bireylerin içsel huzura ihtiyacı vardır. Bu nedenle dünyayı kurtaracak olan bireylerin içsel dinginliğidir.

Eckhart Tolle, "Dinginliğin Gücü" isimli eserinde, "Dışsal gürültünün karşılığı içsel düşünce gürültüsüdür. Dışsal sessizliğin karşılığı ise içsel dinginliktir," der.

Ormana gidin, nehrin akış sesini dinleyin. Doğayla bütünleşin. Sessizliği dinlemek kendi içinizdeki dinginlik boyutunu uyandırır. Ancak dinginlikle, sessizliğin farkına varabiliriz. Dışarıdaki sessizlik, bizim içsel gürültümüzü de etkiler. Farkındalığımızı arttırır. Düşüncelerimizden sıyrılıp, gerçekle buluşuruz. Doğanın bize dinginliği öğretmesine izin verelim.

İçsel dinginlikle olan temasımızı yitirdiğimizde kendimizle olan teması yitiririz, bunu hiç unutmayın. Kendimizle teması yitirdiğimizde de kayboluruz. Yaşam yolumuzda hatalar yaparız.

Bu nedenle önce dinginlik, yavaşlamak ve iç huzur...

Düşüncesiz bir dinginlikle 'bilincimiz' tarafından algıladığımız dünya Tanrı'nın doğasıdır, insan eliyle yaratılanın değil.

Sadece bakın ve sadece dinleyin. Bilgelik oradadır.

Bizler kavramsal hapishanelerimizin tutsaklarıyız. Bu nedenle önce kavramlardan kurtulmamız gerek. Kalbimizden gelen sesi dinlemek çoğu zaman bu esareti kırar. Tekrar söylüyorum. Bilincimiz farkındalıktır, farkındadır ama biz bunu akıl yoluyla bilemeyiz.

Endişelerinizden, korkularınızdan farkındalığınız ile kurtulduğunuzda şimdiki an ile dost olursunuz. İşte o zaman nerede olursanız olun, kendinizi iyi hissedersiniz, huzur bulursunuz. Aksi takdirde nereye giderseniz gidin iç sesinizden ya da içinizdeki gürültüden kurtulamayacağınız için huzursuzluğu ve rahatsızlığı beraberinizde götürürsünüz.

Sakin olun. Rahatlayın, derin derin nefes alın. Kendinize zaman tanıyın. 'an'ı yaşayın. Meditasyon yapmak, namaz kılmak, dua okumak, şarkı söylemek (acılı arabesk kesinlikle değil) ve doğanın sesini dinlemek, hatta bir bebeği koklamak sizi farkındalık bilincine götürür.

CHAO-HSIU CHEN'den günümüze kalanlarda bakın ne der:

Haddinden fazla aceleci davranırsanız,
sonunda hiçbir işte başarılı olamazsınız.

Bu şekilde kendi gücünüzü artırıp daha büyük başarılara sahip olursunuz. Ancak gerçeklerden uzak veya ulaşılamayacak hedefleri seçmek hüsran ve başarısızlıkla sonuçlanır, bu arada sahip olduklarınızı da kaybedersiniz. Akıllı insan kendi gücünden fazla çaba harcamaz, gelirinden fazla para harcamaz ve akıl dışı çabalarla kendini yıpratmaz. Böylece ömür boyu sürecek olan mutluluğu korumuş olur.

Istırap içinde misiniz, içiniz mi acıyor, kalbinizde ağrı mı var?

UNUTMAYIN ISTIRAPLAR KENDİ İÇİNİZE EKTİĞİNİZ NEGATİF DÜŞÜNCELERDİR...

HAZ ve ISTIRAP

Sonra bir kadın konuştu:
"Bize haz ve ıstıraptan bahset."
Ve o cevap verdi:
"Hazzınız, ıstırabınızın maskesiz halidir.
Ve kahkahanızın yükseldiği aynı kuyu,
sık sık gözyaşlarınızla dolar.
Başka türlü olabilmesi mümkün müdür?
Istırabın içinize kazıdığı alan ne kadar
derin olursa, o denli çok hazzı içerebilir.
Ve şarabınızı taşıyanla, çömlekçinin fırınında
yanan aynı kadeh değil midir?
Ve sesi ruhunuzu okşayan lavta, daha önce
bıçaklarla oyulan tahtayla bir değil midir?
Kendinizi neşeli hissettiğinizde
kalbinizin derinliklerine inin.
Fark edeceksiniz ki, size bu sevinci veren,
daha önce üzülmenize neden olmuştu.
Üzgün olduğunuzda, tekrar kalbinize dönün.
Göreceksiniz ki, daha önce sevinciniz olan
bir şey için ağlıyorsunuz.
Bazılarınız, "Haz, ıstıraptan daha anlamlıdır" der;
diğerleri ise, "Hayır, ıstırap daha anlamlıdır".
Bense, ikisi birbirinden ayrılamaz, diyorum.
Onlar beraber gelirler.
Ve siz, bir tanesiyle masanızda otururken,
unutmayın ki, diğeri de yatağınızda uyuyordur.
Gerçekte siz, hazzınızla ıstırabınız
arasında bir terazi konumundasınız.
Sadece boş olduğunuzda, hareketsiz
ve dengede kalabilirsiniz.
Bir hazine avcısı, altın ve gümüşünü tartmak için
sizi kullandığında, haz ve ıstırap kefeleriniz,
ister istemez, yükselip alçalacaktır.

Halil Cibran, Ermiş

Yaşayan hiçbir şey kendi başına, sadece kendisi için yaşamaz. Hayatta her şey birbirine bağlıdır. Yaşantımızda gerçekleşmiş, yaşadığımız veya yaşamakta olduğumuz her şey iç içedir. Biz buna 'karma' diyoruz. Günümüzde fizikçiler bile bu olguyu kabul ediyorlar. Kozmosda her şey birbirine bağlıdır.

Bazen sıradan bir olayın bütün içindeki rolünü göremeyiz. Kendi yaşantımızın evrendeki rolünü göremediğimiz gibi.

Sabahattin Ali, "Kürk Mantolu Madonna" isimli kitabında, "Önümüzden geçen bazı insanların silikliği karşısında bu insan niye yaşıyor, düşünürüz?" diye hayatı sorgular. Ve devam eder, "Ancak onların içindeki dehlizleri keşfettiğimizde şaşırırız..."

İşte tehlike buradadır: Düzenin sildiği kişilikleri yok sayma yanılgısı. İlginçtir, bu yargı kişiye sadece dışarıdan yöneltilmez. Kendini değersiz bulan, yaşamının anlamsızlığına inanan kişi sayısı çoktur. Hepimiz evrenin, Tanrı'nın bir parçasıysak, bu anlamsızlık düşüncesinin ne kadar hastalıklı olduğunu görebiliyor musunuz?

Biz, hepimiz Bir'i oluşturuyoruz ve 'bul-yap'ın bir parçası eksik olduğunda bütünde eksiktir. Bu nedenle önce kendi değerimizi keşfetmek ve bu evrende varoluş nedenimizi bulmak zorundayız. Biz önemliyiz, değerliyiz.

Yaşamımızın her bir günü de bizim bireysel 'bul-yap'ımızı oluşturur ve her an çok önemlidir.

İşte bu noktada ıstıraplar ve hazlar kaçınılmazdır.

Bütünün genişliği içinde başımıza gelenleri -aslında bunlar bizim seçimimizdir- kabullenmek, olanla uyumlanmanın ilk aşamasıdır. Bir seçim yaparız, seçimimizin sonucunda yaşadıklarımız bize acı da verebilir. Bu durumda ilk yapmamız gereken şey, karmamızı kabul etmek ve bu olayın sorumlusunun kendimiz olduğu gerçeğiyle yüzleşmektir. Yüzleştiğimiz zaman öğretiyi algılayabiliriz.

— *Ben ona bunu yaptım, onun için o da böyle davrandı.*

— *Ben izin verdim bana bunu yapılmasına.*

— *Ben yanlış bir seçim yaptım.*

— *Çok yedim ve kilo aldım.*

Örnekleri çoğaltabiliriz.

Başımıza bir olay geldi, acı içindeyiz ve durumu kabullendik. Kendimizle yüzleştik. Peki, öğrenmek için acı çekmek gerekli midir? Demek ki öyleymiş. Acılarımız bizim öğretmenimizdir; bizim derinleşmemizi, hayatı daha iyi algılamamızı sağlarlar. Şöyle de söyleyebiliriz; aslında o olay başımıza daha önce de defalarca gelmiştir ama biz ancak acı ile algılayabiliriz.

Einstein, deliliği aynı hataları defalarca tekrarlamak olarak tanımlar.

Çekilen acı, egonun kabuğunu kırar. Egonun kabuğu kırılıp da bilincimiz ortaya çıkınca da acının anlamsızlığıyla karşılaşırız. Çünkü egonun olmadığı yerde acı da olmaz.

Mutsuzluğun bir öyküye ihtiyacı vardır, bir de zamana... Siz kendinizi (egonuzu) bu öyküden soyutlarsanız, kavramsal bir mutsuzluğu yaşamazsınız.

Başınıza her ne gelmiş olursa olsun ya da daha doğru deyişle neyi çekmiş olursanız olun egonuzu devre dışı bırakın

Egonun sınırlarını belirleyebilmesi için düşmanlara ihtiyacı vardır. Bu düşman bazen telefonun çalmaması bile olabilir.

"Eyvah, sevgilim beni aramadı, beni sevmiyor!"

Aklınıza gelen her düşünceyi gerçek sayarsanız acınız da çok olur. Aslında bu olay sizi mutsuz etmez, sadece fiziksel acı verir. Kalbiniz ağrır, yüreğiniz daralır. Bizi mutsuz eden, olayı yorumlayış tarzımız ve düşüncelerimizdir.

Bu durumda hemen bir olumlama yaparak, "Benim mutsuz

olmama neden olan bu düşüncelerdir," derseniz, içselleştirmemiş olursunuz. Burada bir kabulleniş ve yüzleşme vardır.

Kötü düşünceler ve sözcükler kişiye acı verir. Eğer siz devamlı kendinizi mutsuz eden bir insansanız çevrenizi de mutsuz edersiniz ve bir süre sonra çevrenizde kimse kalmaz. Lütfen bilinçli bir şekilde kendinizdeki mutsuzluk yaratma sorununu kabul edin ve onu sona erdirin.

AĞZINIZDAN ÇIKAN HER KELİMEYE DİKKAT EDİN SÖZCÜKLER TEMENNİLERİN İŞARET DİREKLERİDİR.

Hem bilinçli olup hem de kendimiz için mutsuzluk yaratamayız.

Kabullendik ve yüzleştik... Sırada mucize denilen olgu var. Bizim 'kötü' diye yorumladığımız her koşulun ardında daha derin bir iyilik ve hayır vardır. Büyüklerimiz, "Her işte bir hayır vardır," derler ya, işte bu nedenledir. Hatamızın, çekim gücümüzün farkına varırız ve düşünce, yaşam tarzımızı değiştiririz. Belki de zincirlerimizi kırarız.

Kötülüğe direnmenin anlamı yoktur. Onu kabul etmeliyiz. Bizden güçlü biri kolumuzu çevirdiği zaman, kolumuzu düzeltmek için direnirsek daha fazla acı çekeriz. Bu noktada teslim olmamız gereklidir. Ta ki bir sonraki sefer, birinin kolumuzu çevirmesine izin vermemeyi öğrenene kadar.

Acı çekmekten korkmayalım, hazlarımız kadar acılarımızda bizi derinleştirir. Acı çekmek korkusuyla yaşayanlar, acı çekerler. Acıyı kendilerine çekerler. Bunun insani bir gerçeklik olduğunu kabul edelim, korkularımızı yok edelim ve doğru yaşamaya bakalım.

Acıya teslimiyet ve acıyı kabulleniş, aydınlığın giriş kapısıdır.

Doğayla baş başa kalın ve iyi dileklerinizi evrene sunun.

İzin verdiğiniz anda her şeyi oluşturursunuz.

Korku gelecek bir kötülüğü
beklemenin adıdır.

Platon

Şikâyet etmeyi bırakın,
kendinize benzemeyen hiçbir kimseyle
beraber olmazsınız.

Ben ne kadar huzurluysam ve aydınlıksam çevreme de aynı enerjiyi yayarım. Ve tıpkı kelebeklerin ışık etrafında buluşması gibi benim gibi insanlarla bir arada olurum. Sizin çekim gücünüz, ışığınız sizin gibileri etrafınıza çeker. Olumluysanız olumluları, olumsuzsanız olumsuzları...

Müşterilerime kendilerine değer vermelerini söylüyorum ve onlara bunu imgeletiyorum. Benim yanımda mutlu oluyorlar... Benim yanımdan ayrıldıktan sonra değerli olduklarını unutanları bir daha görmüyorum. Mutlu olmayı tercih edenler değerli olduklarını tekrar hatırlamak için bana geliyorlar ya da aynı enerjiyi paylaşmak için. Tabii bu benim iş hayatım.

Özel hayatımdaki dostlarım da benim gibi insanlar. Benzeşmediğim insanlar zaten benim hayatımda olmuyorlar.

İlk televizyon programına başlamam...

İlk televizyon programına rahmetli Samim Değer ile başladım. Bana geldi ve "Neden televizyon programı yapmıyorsun?" diye sordu. Şaşırdım. Ama beni destekledi ve ATV'de "Çalsın Sazlar" isimli bir kadın programında başladım. Bana teklif ilk geldiği zaman başarırım, başaramam diye bir tereddüttüm olmadı. "Bu teklif bana geldiyse, zamanı gelmiştir," diye düşündüm. Tarot falı baktım o programda...

Fal Baktıranlar Dikkat...

Fal baktırmak eğlencelidir ama baktırdığınız kişinin niyeti çok önemlidir. Karşınızdaki sizi olumsuz yönde kodlayabilir. Benim misyonum, kişinin hayatında olan olayları görüp, olumlu olayların kodlanmasına yardımcı olmak. Gelecek bilinemez ama yol gözükür. "Eğer bu yolda devam edersen bak başına bunlar gelebilir," gibi yorumlar yapılabilir.

Bir sene sürdü programım, tanınmaya başladım. Tanınmaktan mutlu oluyordum ama işimin bir parçası olarak gördüğümden havalara girmiyordum. Düşünce kalıplarımı zaten değiştirmiştim ve egoma hizmet etmeyi bırakmıştım. Eğer düşünce kalıplarımı değiştirmeseydim, hayatımda hoş olmayan başka şeyler olabilirdi. Düşünün; bir anda meşhur oluyorsunuz, herkes sizi tanıyor. Bu durumu aleyhime çevirebilirdim. Bugün magazin sayfalarından okuyoruz, insanların bir anda nasıl şöhret olduklarını ve bir anda da çıktıkları noktadan nasıl düşebildiklerini. İşim olarak baktım tanınmaya ve kendimi çok sevdiğim için izleyiciler tarafından çok da sevildim. Sonra HBB kanalında astroloji programlarına çıktım. O günden bu yana da Show Max'te kendi programımı yapıyorum. Bana benzeyen, benim bir parçam olan yöneticilerimle bir aradayım.

"Her gerçek başarı, bir evi inşa etmek gibidir. Önce sağlam bir temel atılır, sonra evi tamamlamak için gerekenleri yaparsın sabırla. Bazı evler ya da kariyerler çabucak inşa edilebilir ama sağlam temeller üzerine oturmazlar. Görünüşleri güzeldir ama dayanıklı değillerdir. Bir gecede oluşan başarılara yakından bakarsan on sene gibi bir hazırlık sürecinden geçtiğini görürsün."

Dan Millman

Mutlu Beraberlikler İçin...

Eşim her zaman benimle birlikte adım attı. Ben bir adım attım, o on adım attı. Birbirimizi besledik. O, benim enerjimi çok sever ve destekler. Bazen bana der ki, "Bak Nuray, senin sağduyun çok açık ama o olay öyle değil, böyle." "Beni kodlama," diye yanıtlarım böyle zamanlarda onu. Ama kodlanırım. Ona inanırım. O benim görmediğimi görür. Gönül gözü açıktır.

Zaten eşler birbirlerine benzemez mi?

Bendeki bu aydınlanmayla birlikte eşimin de işleri çok iyi gitmeye başladı.

Birbirimizin eş ruhuyuz. Eş ruhlar, birbirine benzeyen, birbirini tamamlayan, birbirini bütünleyen çiftlerdir. Öyle olmayı seçenlerdir.

Hiç problemimiz olmadı mı, çok oldu. Ben onu zamanında o kadar sıktım ki, az kalsın kaçıracaktım. Kıskançlık krizleri içinde kıvranan pek çok kadın için durum böyledir. Güzellikleri kapatırlar ve karanlıkları görürler ya da görmek istedikleri karanlığı görürler. Allah'tan bugün güzellikleri görmeyi öğrendim.

MUTLU BİR EVLİLİK, BERABERLİK İSTİYORSANIZ KENDİNİZİ SEVİN. KENDİNİZE GÜVENİN, KENDİNİZLE BÜTÜNLEŞİN. KENDİNİZİ KAYBETMEDİĞİNİZDE EŞİNİZDEN SEVGİ VE SAYGI GÖRÜRSÜNÜZ.

Ben zaten böyleyim, bunların hepsini yapıyorum ama, ne sevgi ne saygı görüyorum diyenlere gelelim, o zaman ne fazla? Ne fazla sende arınman gereken? Yine ben. Her şey bizim içimizde.

İflas Etmek...

Çok iyi hayat yaşayanlar, çok zengin olanlar bakarsınız bir günde batmışlardır. Bunu yaşayan insanların korkuları vardır. Maddi olarak ne kadar büyürseniz, korkularınız da o kadar artar.

Çünkü sahip olduklarınız çoktur. Bu tip insanların en büyük korkuları, batmak, bitmek, tükenmek ve yok olmaktır. Bu olumsuz düşüncelerle korkularını çekerler ve sonunda da batarlar.

Ancak bazen, korkular yoktur ve insanlar yine de batarlar. Böyle bir durumda insanları bu noktaya getiren ve alınması gereken dersler, öğretiler söz konusunudur.

İLERLEDİĞİMDE NEYİ ÖĞRENDİM, ŞİMDİ KAYBETTİĞİMDE NEYİ ÖĞRENİYORUM, öğretisi.

Başından bu işler geçmiş olan insanlara duyurulur:

ÖĞRENMEN GEREKENİ ÖĞRENDİĞİNDE YİNE YÜKSELİRSİN. YİNE ZİRVE SENİNLEDİR.

Babaannem bir şeyi kaybettiğimizde şöyle derdi: "Bugün salı İsmail, bir kaybım var, lütfen gelip bulmama yardımcı olur musun?" Bir derviş ise kaybı karşısında şunu söylermiş: "Ethem Dede, lütfen gelip, kaybımı bulmama yardımcı olur musun?"

Düşünce gücü burada çok önemli... Biz milyonlarca rehbere sahibiz, meleğe sahibiz, aslında her şey bizim hizmetimize çalışıyor, her şey bize emret diyor. Sen yeter ki gör ve duy, boş bakma, hisset, aç kapıları.

İste, dile ve yaşa.

Neyi hissederek istiyorsan, iste...

Her şeye yeniden başlayabilmeyi öğren.

Adamın biri, bahçesinde dolaşırken toprağın üzerinde bir kuş yuvası görür. Ağacın dallarında bulunması gereken yuva, fırtına sonunda darmadağın olmuş ve yere düşmüştür.

Adam yerdeki yuvaya bakıp, üzüntülü bir şekilde derin düşüncelere dalar. Bir süre sonra ağacın dalları arasından gelen kuş cıvıltıları onu kendisine getirir. Başını kaldırdığında kuşların yeni bir yuva yapmaya çoktan başladıklarını fark eder.

Fırtınanın yuvalarını yıkıp, onları endişe ve ümitsizliğe sürüklemesine izin vermeyen kuşlara hayranlıkla bakar. Kuşların ne olursa olsun, kaç kere olursa olsun her şeye yeniden başlama cesaret ve güvenine sahip olduklarını görür.

Bir de kuş beyinli deriz!

Çocuklarımız...

"Çocukların, nasihatten çok iyi örneğe ihtiyaçları vardır."

J.Joubert

Yengeç çocuğuna:

"Yan yan yürümesene!" der dururmuş...

Bir gün kızı dayanamamış:

"Anne," demiş, "Hele sen bir doğru yürü de, ben de sana bakıp doğru nasıl yürünür öğreneyim."

Biz anne ve babalar olarak çocuklarımıza örnek olmalıyız. Onlara sınırsız sevgi sunalım. Güvenelim ve onları can kulağıyla dinleyelim. Saygı gösterelim ve doyumsuz olmalarına asla izin vermeyelim.

Hayatta her şeyin bir bedeli olduğunu küçük yaşlarda öğretelim.

Büyük oğlumun doğum hikâyesini okudunuz. Doğumdan sonra, hasta olduğum için, sekiz ay boyunca oğlumu göremedim. Bir anne olarak çok acı çektim.

İkinci çocuk için kendi yıldız haritama baktım. Bir kız çocuk istiyordum. Bu nedenle uzun zaman çocuk yapmadım. Günün birinde plansız bir şekilde hamile kaldım. Ve küçük oğlum Ogan doğdu.

Benim düşünceme göre planlanmayan gebeliklerle bu dünyaya gelen bebeklerin, bu dünyada bir görevleri var. Misyonlarıyla geliyorlar. Ogan'a hamile olduğumu öğrendiğim gün ona teşekkür ettim: "İyi ki beni anne, Aşkın'ı baba olarak seçtin." Ve benim oğlum konuşmaya başladığı günden itibaren teşekkür eden bir çocuk oldu. Çünkü o enerjiyi aldı.

Büyük oğlum Doğuş ise enerjisi çok yüksek olan bir çocuk. Benim yolumda ilerliyor. Onun hayatı da bu yolda çok kolay gidiyor. O bana benzemeyi seçti ve olumlu enerjiyi aldı hayatına.

Kürtaj Azabı...

Kürtaj, günümüzde kadınların çeşitli nedenlerle bebeklerini bedenlerinden tahliye ettirerek aldırmak zorunda kaldıkları bir olaydır. Vicdan azabı vardır. Ancak ben kürtaj olayına, "Bebek doğmamayı seçiyor," olarak bakıyorum. O, doğmayı seçse bir şekilde dünyaya gelmeye anneyi ikna eder diye düşünüyorum. Kürtaj yaptıran anneler, bunu kendi kararları olarak düşünürler ama ben, bebeğin kararı, diye düşünüyorum.

Ben doğmayı ve bunları yaşamayı seçtiğim için doğdum ve bunları yaşıyorum. O doğmayı seçmedi, hepsi bu kadar. Belki anne hazır değil, belki de ortam. Bebek, bu boyuta geçmemeyi seçiyor.

Bir dostum, 9 sene yasak aşk yaşadı ve anne olmak istedi. Dostuma dedim ki; "Bak ilişkin yasak bir aşk, tamam beyefendi ilişkisini kâğıt üzerinde sürdürüyor. Seni sevdiğini söylüyor ama boşanmıyor." Ama arkadaşım yine de çocuk sahibi olmayı çok istiyordu ve tüp bebek yaptırdı. İki bebek sahibi oldu ancak bebeklerin ikisi de beyin kanaması geçirdi. Ne yazık ki bebeklerden biri öldü, diğeri ise hayatta. Bebekler gelmeyi istemiyordu, onları bu dünyaya zorla getirdi, diye düşünüyorum.

Hayatı oluruna bırakmak lazım, diye düşünüyorum. Bir şey oluyorsa hayrımıza, olmuyorsa yine hayrımıza. Olmayanda da çok büyük hayır var. Olumsuz olaylarda çok büyük aydınlıklar var, çünkü bir şeyler öğreniyoruz. "Niye bu benim başıma geliyor?" diye sormayı bırakın, "Neyi öğreniyorum?" diye sorun.

Bebek sahibi olmak isteyip de olamayan ve buna isyan edenlere söylüyorum bunları genellikle. Lütfen sevgi gönderin. Tabii burada tüp bebek yapanları suçlamamak lazım. O da bir vesile... Çocuk gelmek istemezse tüp bebekle de gelmez.

Sağlıksız, engelli olarak dünyaya gelen çocuklar öyle gelmeyi seçiyorlar ve anneye babaya bir şeyler öğretiyorlar.

ÇOCUKLARIMIZA BİZİ ANNE VE BABA OLARAK SEÇTİKLERİ İÇİN TEŞEKKÜR EDELİM. ONLAR BİZDEN OLAN ÇOCUKLARDIR AMA BİZİM DEĞİLDİRLER.

Çocuklar

Çocuklarınız sizin çocuklarınız değil,
Onlar kendi yolunu izleyen
Hayat'ın oğulları ve kızları.
Sizin aracılığınızla geldiler ama sizden gelmediler
Ve sizinle birlikte olsalar da sizin değiller.
Onlara sevginizi verebilirsiniz, düşüncelerinizi değil.
Çünkü onların da kendi düşünceleri vardır.
Bedenlerini tutabilirsiniz, ruhlarını değil.
Çünkü ruhlar yarındadır,
Siz ise yarını düşlerinizde bile göremezsiniz.
Siz onlar gibi olmaya çalışabilirsiniz ama sakın onları
Kendiniz gibi olmaya zorlamayın.
Çünkü hayat geriye dönmez, dünle de bir alışverişi yoktur.
Siz yaysınız, çocuklarınız ise sizden çok ilerilere atılmış oklar.
Okçu, sonsuzluk yolundaki hedefi görür
Ve o yüce gücü ile yayı eğerek okun uzaklara uçmasını sağlar.
Okçunun önünde kıvançla eğilin
Çünkü okçu, uzaklara giden oku sevdiği kadar
Başını dimdik tutarak kalan yayı da sever.

Halil Cibran, Ermiş

Paulo Coelho çocuklardan öğrenilebilecek üç şeyi bakın nasıl açıklar:

- Nedensiz yere mutlu olabilmek.
- Her zaman meşgul olabilecek bir şey bulmak.
- Elde etmek istediği şey için tüm gücüyle savaşmak.

Off! Deme Ohh! De...

Birçok enerji uzmanı ile tanıştım, ders aldım ama öğrendim ki mucize benim içimde. Birçok insan kuantum eğitimleri, seminerleri veriyor ama uygulamıyor.

Ben uyguluyorum.

Ben böyle yaşıyorum.

Ben uyguladım ve bugünlere geldim.

Ben uyguladım ve yaşıyorum.

Babaannem, en büyük kuantumcuymuş, şimdi anlıyorum. Bana derdi ki; "OFFFF DEME OHHH DE."

Off deme, offf melekleri uykuyu çok severlermiş, onları uykudan uyandırdığın anda hayatın boyunca offf dedirtirlermiş. Hep ohhh de, ohhh melekleri uykuyu sevmezmiş ama mecburen uyurlarmış, uyandır onları, ohhhh de ki hayatın boyunca ohhh diyebilesin...

Bugün babaannemin öğütleriyle yol aldığımı görüyorum.

Allahü teâlâ bize bir kader vermiş, boynunu bük yaşa, deseydi, dua oku, der miydi? Dua enerjiyi değiştirir. Dua gücü değiştirir.

Toplumumuzda bazı insanlar ne yapıyor? 4444 tane Selahattin Tefrice okuyorlar, binlerce başka dualar okuyorlar. Neden? Enerjiyi değiştiriyorlar. Şimdi enerji, öncesinde güç veya inançtı bunun adı. Nasıl isimlendirirseniz isimlendirin, amaç aynı.

Başarı

Meksika'da "Her Şeye Rağmen" isimli bir heykel vardır. Bu isim heykelin konusu değildir, heykeltıraşın başarısıdır.

Heykelin öyküsü ilginçtir: Bu heykelin yapımı sırasında heykeltıraş bir kaza geçirmiş ve sağ elini kaybetmiş. Ancak heykeli tamamlamakta çok kararlı olan heykeltıraş, kendisini bu heykeli tamamlamaya adamış. Bu nedenle sol eli ile taş yontmayı öğrenmiş. Tüm bu problemlere rağmen, heykeltıraş heykeli tamamladığı için bu esere "Her Şeye Rağmen" ismi verilmiş.

Başarı için üç grup insan olduğunu aklımızdan hiç çıkarmayalım. Ve hayattaki seçimimizi hangi grupta olmak istediğimize göre yapalım.

Birinci grup: Bir şeyi ortaya çıkaran ve yapan küçük, seçkin bir gruptur. Bunlar tıpkı bir tiyatro sahnesindeki gibi hayatın oyuncularıdır

İkinci grup: Bir şeyin yapılmasını seyreden daha büyükçe başka bir gruptur. Yani tiyatronun seyircileridir.

Üçüncü grup: Neyin olup bittiğini bilmeden yaşayan muazzam bir kalabalıktır. Yani bunların ne tiyatrodan, ne oyunculardan, ne de seyircilerden haberleri vardır.

Ben Nuray Sayarı, tercihimi birinci gruptan yana yaptım; hayatın seyircisi olmayı reddettim ve oyunculukta karar kıldım. Ben yaptıysam, siz de yapabilirsiniz. Önemli olan istemek, rolünüzü belirlemek ve bu rolü sevgiyle evrene sunmak.

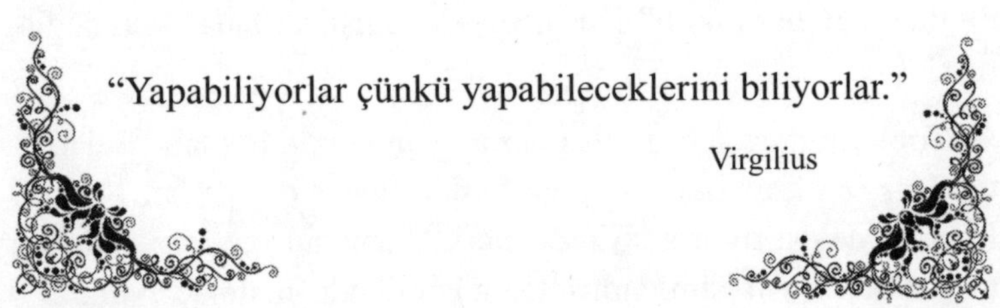

"Yapabiliyorlar çünkü yapabileceklerini biliyorlar."

Virgilius

İş Hayatınızdan Memnun Değilseniz, Zincirinizi Kırın

Hayatımızda yolunda gitmeyen şeyler varsa, önce kabulleneceğiz.

Ardından neden o kısır döngü içinde dolanıp durduğumuzu öğreneceğiz.

Bunlarla yüzleştikten sonra resmi değiştireceğiz.

Örneğin; sürekli kavga ettiğiniz bir patronunuz var. Zihninizde resmini değiştirin ve mutlu olmaya çalışın. Hayal edin...

Değiştirmeye karar verdiğin anda değiştirirsin.

Hiç kimse işe başarısız olmak için gitmez.

Eğer başarısızsanız, bir problem var, demektir. Nedenini bulun.

Kimden kaynaklanıyor başarısızlığınız. Sizden mi ortamın enerjisinden mi?

Daha başarılı olmak için sıkıntı yaşayarak mı öğrenmeniz gereken şeyler mi var?

Problem, sorunları kabullenememek mi yoksa sizi bir üst aşamaya götürecek öğretiler mi?

Yoksa telaş içinde mi başarı istiyorsunuz?

Yüzleşin başarı olgunuzla.

Önce, zorluklar varsa bunları .kabullenin.

Kolaylık... Ne yolda kolaylık? Eğer yaptığımız işte paraya endeksliysek, o iş bize para kazandırmaz.

'Bütünün ve benim hayrıma' diye isteyeceğiz başarıyı.

BÜTÜN HAYIRLANMAZSA BİZ DE HAYIRLANAMAYIZ.

Sevgiyle çalışmak;

Bir kumaşı,
sevdiğiniz kişinin giymesi için dokur gibi,
Kalbinizden çıkardığınız ipliklerle dokumaktır.

Bir evi,
sevdiğiniz kişinin oturması için yapıyormuş gibi,

Bir meyveyi,
sevdiğiniz kişinin yemesi için yetiştiriyormuş gibi,

Tohumlarını şefkatle atmak, ürünü neşeyle toplamaktır.
Tasarladığınız her şeye kendi ruhunuzdan bir soluk katmaktır.

Halil Cibran

TILSIMLI SÖZLER

İster kendinize iki dakika ayırın isterse gün boyu tekrarlayın.

Yüzleşin!
Kabullenin!
Olumlayın!

BAŞARI İÇİN:

Para kazanmak isteyenler, en başta paraya odaklandıkları için para kazanamazlar. Önce ne iş yapıyorsanız yapın, işinizi sevin. Eğer siz işinizi severek yapıyorsanız, hayırlı niyetlere ve duygulara sahip olursanız o iş, size başarı ve başarı para getirir. Korkuyu bitirin.

BEN BOLLUK VE BEREKET İÇİNDEYİM.
PARA BANA GELİYOR.
YAPTIĞIM İŞ BENİM VE BÜTÜNÜN HAYRINA OLSUN.

ÇOCUK İÇİN:

Öncelikle sevgiyle davet edin. Çocuk istiyorsa gelecektir. Evlilik kurtarmak için çocuk yapılacaksa, o çocuk gelmeyi seçmeyebilir. İyi bir anne/baba olabilecek miyiz, önce bu sorunun yanıtıyla yüzleşin. İmgeleyin…

BENİMLE OLMANI SEÇİYORUM.

BAĞIMLILIK YA DA KÖTÜ ALIŞKANLIKLAR İÇİN:

Önce sorunu kabullenin. Sorununuzla yüzleşin ve bağımlılığınızın nedenini bulun. Hayatınızda ne eksik, hangi boşluğu doldurmaya çalışıyorsunuz? Bağımlılığınız size ne veriyor? Kuvvet mi, kudret mi, güven mi? Sizde neyi tamamlıyor?

BEN ALKOLİĞİM, ALKOL BAĞIMLISIYIM VE ALKOLÜ BIRAKIYORUM.

SAĞLIK İÇİN:

Korkularınızdan kurtulun. Ruhunuzu temizleyin. "Hasta mıyım, ne gibi bir uyarı yaşıyorum?" diye düşünün.

BEN SAĞLIKLIYIM.

SINAVDA BAŞARILI OLMAK İÇİN:

Kendiniz ve evren için başarılı olmayı seçin. Birilerine kendinizi kanıtlamak istiyorsanız, olmaz.

BEN DİKKATLİ VE ÇALIŞKANIM.

KİLO VERMEK İÇİN:

Yediğiniz yemekten şikâyet etmeyin. Vicdan azabıyla, kilo aldıracak endişesi ile yemek yemeyin. Yedikten sonra, niye yedim, irademe sahip olamadım, siye hayıflanmayın. Severek yiyin yemeklerinizi, o zaman göreceksiniz ki yediklerinizin daha azını yiyeceksiniz. Telaşı kesin.

BEN TOKUM. SEVGİYLE YİYORUM YEMEKLERİMİ VE YEDİKLERİME ŞÜKREDİYORUM.

ÂŞIKSANIZ:

Kendinizi seviyorsanız, karşı tarafında sizi sevmesine izin veriyorsunuz demektir. Birlikteliğinizi imgeleyin ve hayal edin. Onunla mutlu bir beraberliği hayal edin ve korku, tereddütleri bırakın.

BEN SEVİYOR VE SEVİLİYORUM.

GÜZELLEŞMEK İÇİN:

Kendinizi ve aynadaki yansımanızı sevin. Kendinize değer verin. Sevgi enerjinizi yükseltin, göreceksiniz ki ışığınızla daha da güzelleşeceksiniz.

BEN SEVGİYİ SEÇİYORUM. IŞIĞI SEÇİYORUM. KENDİMİ SEVİYORUM.

Sevgi Enerjisiyle Güne Merhaba

SEVGİYLE BAKIN KENDİNİZE...
GÖZBEBEĞİNİZDEN GÖZÜNÜZÜ AYIRMAYIN.

Her sabah uyandığımda yeni bir güne başladığım için teşekkür ediyorum.

Önce gözlerimin içine bakıp yeni bir güne "Merhaba!" diyorum.

"Bugün benim için güzellikler var," diye niyetlenip, temenni ediyorum.

Gezegenlerin konumunu bilsem de gün içinde neler olacağını bilmiyorum ama uyanır uyanmaz evrene güzel mesajlar veriyorum. Eskiden çevremdekiler benimle yaptıklarımdan dolayı dalga geçerdi, şimdi çoğu insan benim yaptıklarımı yapıyor. Evime gelen konuklarıma ve evde olduğum her dakika kendime sevgiyi hatırlatmak için evimin çeşitli yerlerinde "Seni Seviyorum" yazıları var. Bunu yaşadığım mekâna sevgi enerjisi vermek için yapıyorum. Sevmeye izin verdiğinizde otomatik olarak her şey değişiyor, bütün olumlu enerjileri kendinize çekiyorsunuz.

Akşam Yatarken...

Günümü nasıl geçirirsem geçireyim, şükür ve teşekkürle bitiriyorum. "Yeni bir başlangıca adım attım ve varolan başlangıcı bitirmek üzereyim, teşekkür ediyorum," diyerek şükrediyorum. Diyelim ki, gün içerisinde olumsuz durumlar yaşadım, bu sefer de kendimle yüzleşiyorum. "Bugün neler öğrendim, neyi kabullenmem gerekiyor?" diye muhakememi yapıyorum.

SİZLER DE HER YENİ GÜNE TEŞEKKÜR EDEREK
BAŞLAYIN VE BİTİRİN.

Hemen Harekete Geçin...

"Hareketin olduğu yerde bereket vardır."

Anonim

Eğer her zaman yaptıklarınızı yapmaya devam ederseniz, hep düşündüğünüz gibi düşünmeye devam ederseniz, olduğunuz yerde eşelenip durursunuz. Amaçlarınıza, hedeflerinize ulaşamazsınız.

Bu tıpkı, hep aynı yemekleri yiyen kişilerin bir türlü zayıflayamamaları gibidir. Hayır, eğer siz zayıflamak istiyorsanız, yemek alışkanlığınızı değiştirmek zorundasınız demektir.

Unutmayın bütün değişimler acılı olmak zorundadır. Ancak bir yerden de başlamak gerekir. İşte bir yer dediğimiz, şu andır. Pazartesi değildir, hafta sonu değildir. Değiştirmek istiyorsanız, şu an tam vaktidir. Harekete geçin.

Alışkanlıklarınızdan vazgeçmediğiniz zaman bir kısır döngü içerisinde dönüp durmaya mahkûmsunuz demektir. Oysa o döngünün zincirlerini kırıp dışarı çıkmayı başardığınızda isteklerinize de ulaşacaksınız. Yeter ki isteyin.

Değiştirmek mi istiyorsunuz. O zaman aşağıdaki tabloları doldurmaya başlayın.

Hayatınızdaki Kısır Döngüler...

1.
2.
3.
4.
5.
6.
7.
8.
9.
10.

Şimdi hayatınızdaki bu kısır döngüler arasında en fazla değiştirmek istediğiniz 3 maddeyi önem sırasına göre yazın.

1.
2.
3.

Şimdi 1. maddeyi alın ve bununla ilgili soruları cevaplayın.

Değiştirmek istediğiniz durum ....

Neden değiştirmek istiyorsunuz?..............................

Emin misiniz?..............................

Sizin kendi isteğiniz mi, yoksa başkalarının isteği mi?..........

Değiştirince ne olacak?..............................

Şimdiye kadar bu durumun böyle olması için ne yaptınız?....

Peki, yaptıklarınızı yeterli görüyor musunuz?..............

Sizce bu durum neden kendini tekrarlayıp duruyor?..........

Peki, bunu başaranlar var mı?..............................

Siz niye başaramadığınızı düşünüyorsunuz?....................

Başaracağınıza inanıyor musuz?..............................

Sizce başarmanız için ilk yapmanız gereken üç şey ne olmalı?

1..

2..

3..

Bunları yapmaya hazır mısınız?...................................

Peki, başka neler yapılabilir?..

....

....

....

....

....

Başaramayacağınızdan korkuyor musunuz?.....................

Neden?..

Şimdi korkularınız varsa, korkularınızı unutun. Uygulamaya geçin. Hemen şimdi, şu an, çok küçük de olsa amacınız için bir adım atın ve zinciri kırın. Unutmayın; "Binlerce kilometreler bir adımla başlar." Hedefiniz için her gün bir adım atın. Aşağıdaki şemayı günlük olarak lütfen doldurun.

Amaca giden yolda, günlük yapılanlar...

Pazartesi:...

....

....

....

Salı:..

....

....

Çarşamba:...

....

....

....

Perşembe:...

....

....

....

Cuma:..

....

....

....

Cumartesi:...

....

....

....

Pazar: Bugün sadece isteğinizin gerçek olduğunu hayal edin ve görüntüsünü gerçekleşmiş olduğu halde tasvir edin.

İnanın her hedefiniz için bu boşlukları doldurup, günlük olarak ufacık adımlar atarsanız, göz açıp kapayana kadar kendinizi o hedefe ulaşmış olarak bulursunuz.

Hedef, istek, niyet hiç fark etmez hepsi aynı kapıya çıkıyor. Bir şeyin olmasını istiyorsanız, onu zihninizde oluşturmak için niyet edin, ardından olmuş gibi imgeleyin.

Nefes almayı unutmayın.

Her şey nefesle başlıyor. Öncelikle bakın kendinize, doğru nefes alıyor musunuz? Doğru nefes alıyorsanız, hayatı doğru yaşarsınız. Bebekler doğru nefes alırlar, sonradan unuturlar. Nefes probleminizi çözdüğünüzde hayatın akışını kolaylaştırırsınız.

Doğru nefes almak için telaşı bir kenara bırakmak lazım. Daima diyaframdan nefes alın. Nefes almaya takıldığımız anda nefes alamayız ancak bilinçli bir şekilde dolu dolu nefes aldığımız zaman, nefesimizi tutmadığımız zaman doğru nefes almayı öğreniriz. Yoga çalışmalarının temeli doğru nefes almayı öğrenmektir.

Ben hızlı nefes alanlardandım. Şimdi telaşı bıraktım ve sakin, dolu dolu nefes almaya başladım. Aldığınız her nefes ile birlikte vücudunuza daha çok oksijen girer ve kan dolaşımınız hızlanarak, hücreleriniz beslenir. Beyin hücreleriniz de tabii ki!!! O zaman da daha net, daha düzgün kararlar alabilirsiniz. Daha sağlıklı olursunuz.

BİRŞEYİN OLMASINI İSTEDİĞİNİZDE SAKİN OLUN, DERİN NEFES ALIN VE DİLEĞİNİZİN GERÇEKLEŞTİĞİNİ HAYAL EDİN. BUNU YAPTIĞINIZDA AMACINIZIN FREKANSINA GEÇİP, EVRENLE BAĞLANTI KURARSINIZ. BU BİR BAŞLANGIÇ VE HAYALLERİNİZİN GERÇEKLEŞME ANIDIR.

Ben Yaptım ve Oldu

Size ilginç bir anımı anlatacağım.

Evime niyet ettim ve evimin sol, yani bereket köşesine gazeteden kestiğim bir ev resmini koydum.

Sol köşe derken, bir odaya girdiğinizde kapıyı arkanıza verin ve sol tarafına bakın. Orası sizin için kariyer, bolluk, bereket ve para bölümüdür.

İşte o bölüme, almak istediğim, hayal ettiğim eve yönelik objeler koydum. Resimler yerleştirdim. Hatta laf aramızda, hayal ettiğim resmi varaklı bir çerçeveyle çerçevelettim.

Gel zaman git zaman, emlakçılarla evler dolaştım ve bir gün istediğim gibi bir ev buldum. O evi satın aldım. Aradan üç ay geçmişti.

O evi bulmam gibi satın almam da ayrı bir hikâye... Beğendiğim ev şarkıcı Ceylan'a ayrılmış. Ceylan evin kaparosunu vermiş ve alacak. Evi gördüğümde bana bir şeyler hatırlattı ama ne olduğunu orada anlayamadım. Ceylan'la görüştük, anlaştık ve o evi biz aldık. Tadilatını yaptırdık ve taşınma sürecimiz başladı.

Evimin sol bölümüne koymuş olduğum çerçeveden ev resmini çıkarmak ve yerine yeni hayalimin resmini koymak için çerçeveyi elime aldığımda bir de ne göreyim istersiniz, o evin resmi bizim satın aldığımız evle aynı değil mi?

Kapının önündeki palmiyeden tanıdım ve kaya parçasından anladım.

Bunu bilinçli yapmamıştım. Ama zihnimden hedefi tespit edip, ona doğru hareket etmiştim.

İster yukarıda size verdiğim tabloları doldurun, ister evinizin köşelerini objelerle doldurun; hayal edip, imgelediğiniz sürece isteğinize ulaşırsınız.

Şu anda bu satırları yazarken bile heyecanlanıyorum.

Bu enerjiye sahip olduğum için şükrediyorum, teşekkür ediyorum.

Bu evrende hiç bir şey tesadüf değildir. Düşünmek ve istemek, hayallerinizi kendinize çekmektir.

İMGELEDİĞİM EV ÖNCE GAZETEYE, SONRA BENİM PARA VE BOLLUK KÖŞEME, ARDINDAN DA BENİM YAŞAMIMA GELDİ.

Düşündüm, izin verdim, hayal ettim, oluşturdum, gazeteyi buldum, kestim, köşeme koydum, ev aradım, evi ödeyecek parayı buldum, vs. Bütün bunlar küçücük de olsa adımlardır, unutmayın.

Bu kadar basit ve kolay, yeter ki harekete geçin. Ben artık ağladığım zaman mutluluklarıma ağlıyorum. Ağlıyor ve diyorum ki:

"İYİ Kİ BEN BUNUN OLUŞMASINA İZİN VERDİM."

Hayatımda keşkelere yer yok. Hep şükürlere ve teşekkürlere yer var.

Olumsuz bir durum olduğunda bile 'teşekkür ediyorum, seni seviyorum' der, kendimi öperim. Sinirlenmem gereken bir durum olursa da yine aynı şekilde kendimi motive ederim.

BENİM BANA İHTİYACIM VAR...

Ofisimi alırken de kariyer bölümüne Akmerkez'in resmini kesip koyduğumdan ve ardından da Akmerkez manzaralı bir ofise taşındığımdan daha önce söz etmiştim. O zamanlar imgelemimde kendime şu hileyi yapmıştım; Akmerkez'den ofis isterken, "Yok, fazla uçtum," demiştim kendi kendime. Yanlış kodladığım için Akmerkez'de değil ama karşısında bir ofis aldım. Bunu da itiraf ediyorum.

Şimdi de oğlum için bir resim koydum ve bekliyorum...

Eskiyi Yok Edip Yerine Yenisi Koyun...

Yeniyi istiyorsak, eskiden kurtulmaya çalışmayalım. Kurtulmaya çalıştığımız her şey bizi takip eder. Korkularımız gibi. Sevgiyle bırakalım. Eskiyi kabullenip, sevgiyle özgür bırakalım. Buralara kadar gelmenize eski bilinciniz neden oldu, Haydi, bundan sonra onu sevgiyle özgür bırakalım ve kendimizi yeniliklere hazırlayalım. İsyan ederek, kurtulma mücadelesine girerek eskiyi bırakmaya çalışırsanız, ondan kurtulamazsınız.

BUGÜNE KADAR YAŞADIĞIM HER ŞEYİ OLDUĞU HALİYLE KABUL EDİYORUM, EVRENE VE KENDİME TEŞEKKÜR EDİYORUM.

Bundan sonra kendimiz için ne istiyorsak onu kodlayabiliriz. Örneğin; adil biri değilsek şöyle diyeceğiz:

ŞİMDİYE KADAR ADİL OLMADIĞIMI BİLİYORUM. KENDİME VE ÇEVREME YAŞATTIĞIM HER ŞEYİ TAM OLDUĞU GİBİ KABUL EDİYORUM VE TEŞEKKÜR EDİYORUM. BUGÜNDEN SONRA NİYET ETTİM, ADİL BİR İNSAN OLMAYA...

Hani bazı insanlar vardır, evlerini sevmezler ve taşınmak isterler ama derler ki; "Ay lanet olsun, bu evi sevmiyorum, bir an önce taşınmak istiyorum, bir türlü çıkamadım bu evden!" O insanlar uzun süre o evde yaşarlar ve bir türlü çıkamazlar sevmedikleri evlerinden. Çünkü kendilerine izin vermez ve evrenden gelen enerji akışını olumsuz sözcüklerle bozarlar.

Birçok insan işinden şikâyet eder; "Lanet olsun, terfi edemedim," der. Böyle insanlar da işlerinde yükselemezler. Öncelikle şunu anlamalıyız ki, isyan etmek yanlış bir yöntemdir. Kişi, öncelikle bir işi olduğu için şükretmeli.

Hâlbuki niyetimizi değiştirdiğimizde, kaçmadığımızda, korkmadığımızda yerimizi de değiştirebiliriz. Aksi halde bir adım bile atamayız. Yerimizde sayıp dururuz.

Tıpkı kilo almak ya da vermek gibi. "Bir türlü kilo veremiyorum, su içsem yarıyor..." diyenler var. Hâlbuki "*BEN YEMEĞİMİ SEVGİYLE YİYORUM, BEN GÜNÜMÜ SEVGİYLE YAŞIYORUM,*" demek gerekir.

Son günlerde çok fazla kahve içiyorum. Niyet ettim ve kahveyi şimdilik bırakıyorum. Kendimi bu duygudan kurtarıp, sonra da sevgiyle kahvemi içeceğim.

Sen Sadece Siparişini ver, Ambalajını Evrene Bırak

Evren onu kırmızı kurdeleli bir şekilde size sunar.

Restoranda yemek siparişi verdiğiniz zaman mutfağı düşünmezsiniz. Aşçının sizin yemeğinizi yapacağına, garsonun da siparişi masanıza kadar getireceğine eminsinizdir. Aklınıza, "Ya yemeğim gelmezse," düşüncesini getirmezsiniz. Yemeğin hazırlanmasından size servis yapılıncaya kadar ki olan evrelere karışmazsınız. Hatta bir restorana yemeğe gidecekseniz, restoran satın alma sorumlusunun gerekli malzemeleri alıp almadığını düşünmek bir yana, satın alma sürecini aklınıza bile getirmezsiniz. Siz garsona siparişinizi verir ve sohbetinize devam edersiniz.

Hayatınızı da böyle yaşayın. Verin evrene siparişi ve gerisine karışmayın. 'Hayırlara vesile olsun,' diye dileyin.

Yaratıcılığı arttırmak...

Yaratıcılık, kutunun dışında düşünmektir. Hayallerinizde sınır tanımayın, hayal etmekten utanmayın, size olumsuz düşünceler kodlayacak kişilerin yanında hayallerinizi söylemeyin.

Eskinin yok edilmesi, yeninin doğumunu sağlayacaktır. Yaratıcılık eskiyi yok etmektir.

Yaratıcı olduğunuza ve büyük bir yaratıcı güce inanıyorsanız izin verin kendinize.

Önce çocuk gibi hayal kurun. Hayalleriniz olsun. Kendinizi ve hayallerinizi aşağılamayın. Tıpkı benim Akmerkez'deki ofis hayalimde olduğu gibi, "Uçtum galiba," demeyin; "Hadi canım sende" demeyin. Siz kendi hayalinize inanmıyorsanız, evren niye inansın, niye çaba göstersin?

Hayalimizi önce kendimiz inanmalıyız, kendi kendimize inandıktan sonra da onu imgelemeliyiz.

Bir tanıdığım arkadaşım yazar olmak istiyordu. Yazıyordu. Kendini inandırmıştı. Bir uçak yolculuğu sırasında yanında oturan bir bey, arkadaşımı yazı yazarken görmüş ve merak etmiş. "Ne yazıyorsunuz?" diye sormuş. Arkadaşım, "Roman yazıyorum," diyerek yanıtlamış. "Siz ne iş yapıyorsunuz?" diye sormuş meraklı bey. "Ben bir yazarım, yoksa beni tanımadınız mı?" demiş arkadaşım. Ve şimdi o arkadaşımın romanı yayımlandı, çok sattı, hayatını yazıyla kazanıyor.

Arkadaşım bir yazar olduğuna inanmıştı. Kendisine bunun için izin vermişti, bunu zihninde planlamıştı ve buna niyet etmişti. Artık niyetinin gerçekleşmesi kaçınılmazdı. Yeter ki planlayın ve zikredin. Önce sizin bilinciniz duysun, sonra da evren.

Hep söylediğim gibi biz inanmıyorsak başkaları bize niye inansın. Evren niye inansın.

Haydi, bir deney yapalım. İpin ucuna hafif bir obje takın ve sarkaç misali elinizde tutun. Eliniz sabit olsun. Sonra elinizdeki o maddenin döndüğünü düşünün. Eliniz hareket etmese de düşünceniz hangi yönü işaret ederse, objenin oraya doğru sarmal hareket ettiğini görürsünüz. Çünkü kaslarınız öyle kasılır. Siz göremeseniz de bilinciniz bedeninizi harekete geçirecektir.

Tıpkı uzaya giden astronotlara yapılan deneylerde olduğu gibi. Astronotlara günde bir saat zihinsel idman yaptırılır ki kasları erimesin.

Bu örneklerle düşünce gücünün bedenimiz üzerindeki etkisini anlayabiliriz.

RUTİNİ HAREKETLE KIR, GÖRÜNMEYENİ GÖR VE YOLU BUL. KORKULARINDAN KURTUL, KORKULARINI SEVGİYE VE GÜCE DÖNÜŞTÜR.

Korkulardan Kurtulmak...

Önce neden korktuğumuzu bulalım ve kabule geçelim.

Örneğin;

"Ben hastalanmaktan korkuyorum.
Ben hastalanma korkumu kabul ediyorum.
Ben hastalanma korkumu sağlığa dönüştürüyorum.
Ben iyiyim."

Yani neden korkuyorsak, önce o korkuyu kabul edip, ardında da korkuyu etkisizleştirmekten bahsediyorum.

Başka örnek olarak yaşlanmaktan korkan kadınları ele alabiliriz.

"Benim yaşlanma korkum var, ben bu korkumu biliyor ve kabul ediyorum.

Ben bu korkumu kabul ederek sevgiye dönüştürüyorum. "

Önce korkumuzu kabul edeceğiz, sonra da onu olumu bir duygu ya da düşünceyle değiştireceğiz.

Tabii ki yaşlanmak doğanın kanunu ama biz yaşımızı sevgiye dönüştürürsek yaşlanmamızı geciktirebiliriz ya da korkusuz yaşayarak hep yaşımızın altında görünebiliriz. Yaşlanmaya neden olan pek çok psikolojik etken vardır. Siz kendinizi ne kadar iyi hissederseniz, cildiniz o kadar parlar, gözleriniz sağlıkla ışıldar. Kırışıklıklarımız ile barıştığımızda onları görmeyiz bile...

Para kaybetmekten korkanlar vardır. Onlar kesinlikle para kaybederler bir gün.

Başarısızlıktan korkanlarsa başarısız olurlar.

KORKU DA BİR NİYETTİR VE O DA KORKULAN ŞEYİ ÇEKER...

"Korktuğum başıma geldi," sözü de bunu söylemektedir.

Bazıları yaşanan kötü bir olayın ardından, "Ben bunun olacağını biliyordum", derler. Hayır bilmiyordunuz, siz korkularınızla onu oluşturdunuz, geliştirdiniz ve gerçekleştirdiniz.

Bir müşterim Londra'da çantasını çaldırmıştı.

Kendisi otelden çıkarken çantasından pasaportunu ve birkaç eşyasını çıkarıp ne olur ne olmaz diye kasaya koymuş. Çocuklarıyla birlikte oturduğu kafede çantasını sandalyesinin arkasına asmış. Sonra birden bire arkasını döndüğünde çantasını bulamayacağını düşünmüş. Dakikalarca arkasına dönmeye cesaret edememiş. Sonunda gerçekle yüzleşmek için arkasına döndüğünde çantasının gerçekten çalınmış olduğunu görmüş.

İşte bu olay bize korkularımızı zihnimizde canlandırmanın, kötüyü nasıl davet ettiğini gösterir. Müşterim daha oteldeyken farkında olmadan çantasının çalındığını imgelemeye başlamış.

Şimdi bu çanta çalınma olayını iki şekilde yorumlayabiliriz.

a) Çantanın çalınacağını hissetmiş ve pasaport ile birkaç eşyasını çıkarmış.

b) Çantasının çalınmasını imgeleyerek bu olayı kendisi oluşturmuş.

Bu olayda müşterim ne yazık ki bu eylemi oluşturmuş. Çanta çalınma siparişi verilmiş ama unutulduğu için dönüp geri bakılamamış. Auranın unuttuğunu benlik hatırlamış. Unuttuğumuz birçok şeyi hatırlayabiliyoruz. Bilgi bize geliyor ve biz o bilginin farkında olmuyoruz. Burada hissetmek denen şey bu. Sonunda olanla yüzleşiyoruz, o da acı veriyor. Kabule geçip, korkuları serbest bırakıp, sevgiye dönüştürdüğümüzde hayat bizim için daha güzel olur.

Ben kendi korkularımı bırakıp sevgiye dönüştürdüm. O zaman benim enerji hocam bana dedi ki; "Yeter, korkuyu çok fazla zikrediyorsun, korkuyu bırak biraz da sevgiyi an. Korkuyu bıraktın, serbest bıraktın, artık anma."

KORKULAR

Değersizlik korkusu, Esir olma korkusu, Ayrılık korkusu, Güçsüzlük korkusu, Hastalık korkusu, Terk edilme korkusu, Güvensizlik korkusu, Suçlanma korkusu, Aşağılanma korkusu, Yokluk korkusu, İncitilme korkusu, Onaylanmama korkusu, Parasızlık korkusu, Acı çekme korkusu, Ölüm korkusu, Kaybetme korkusu, Sevilmeme korkusu, Bırakma korkusu, Yalnızlık korkusu, Dışlanma korkusu, Aldatılma korkusu, Yetersizlik korkusu, Reddedilme korkusu, Kandırılma korkusu, Başarısızlık korkusu, Çaresizlik korkusu, Yok olma korkusu, Acizlik korkusu, Kendini ifade edememe korkusu...

Meditasyonun gayesi, bedenimizdeki korku enerjisini sevgi enerjisine dönüştürmektir. Siz de varolan korkularınız için günde bir kere bu meditasyonu yüksek sesle yapabilirsiniz.

Gün içinde korku duygusunun yükseldiğinin hissedilmesi durumunda önce derin bir nefes alıp verin. Ardından aşağıdaki cümleyi tekrarlayın. Bu meditasyonu yüksek sesle yapmanız önerilir.

"Bu benim...duygum.

Ben kendimi ....duygum olduğu halimle seviyor ve kabul ediyorum."

Korku Meditasyonu

Rahat bir yere oturun ve bütün vücudunuzu gevşetin. Gözleriniz kapalı, birkaç kez derin nefes alıp verin ve aşağıdaki cümleleri, boşlukları kendiniz doldurarak, duyabileceğiniz kadar yüksek bir sesle söyleyin.

"Benim ....korkum var.

Ben .... korkumu kabul ediyorum.

Ben .... korkumu şu anda sevgiye dönüştürmeye niyet ettim.

Ben .... korkumu seviyorum."

Sonrasında kalbinizden pembelikler çıktığını hayal edin.

Noktalı yerlere kendinizde yoğun olarak bulunan korkulardan birinin adını yerleştirerek, her bir korkunuz için bu meditasyonu tekrar edin.

Bu meditasyonu günde bir kere uykuya dalma saatlerinin dışındaki zamanlarda yapmanızı öneririm.

Gün içinde korku duygusu yükselirse, bu meditasyonu nasıl uygulayabileceğinizi örnekleyelim.

"Bu benim değersizlik duygum.

Ben kendimi değersizlik duygum olduğu halimle kabul ediyorum.

Ben kendimi değersizlik duygum olduğu halimle seviyorum."

Bu cümleleri birkaç kez tekrarlayın. Böylece noktalı yerlere 'değersizlik' yerleştirerek korku meditasyonumuzu yapmış oluyoruz.

UNUTMAYALIM!

Ego değişmek istemez.

Kararlı ve inançlı olursak sevgiye geçeriz.

Korktuğun her şey başına gelir.

Hayatı korkarak değil eğlenerek yaşa

Güvensizlik korkun yüksekse güvenilmez insanları etrafına çekersin.

Sırtını Allah'a daya. Geçemeyeceğin bir deneyim yok.

İflas... Yeni bir kapı bakalım ne var?

İcra... Sevgiliden gelen bir mektup ne güzel.

Dualarınızı değiştirin...

Ben enerji olayını öğrendikten sonra dualarımı değiştirdim. Eskiden, 'Allah'ım beni, görünür görünmez kazalardan, belalardan koru," diyordum. Hep başıma kazalar belalar geliyordu. "O kadar dua ediyorum, etmesem ne olacak acaba?" diye hayıflanıp duruyordum. Şimdi sadece ailem ve kendim için iyi bir gün diliyorum. Olmayan kazaları, belaları zikretmiyorum. Anmıyorum.

Dualar yansıma yaratır. Bu nedenle dua ederken kullandığımız sözcüklere çok dikkat etmemiz gerekir.

Çoğu zaman da kendimizi başımıza gelen bir olayın daha beteri olacağına ama olmadığına inandırmaya çalışıyoruz. Kısaca kendimizi kandırıyoruz. Aslında bunları düşünmek bile daha beterini davet etmektir. Ya da diyoruz ki, "Başıma bunlar bunlar geldi, daha ne olabilir ki?" Bu cümleden daha kötü bir çekim olamaz. Yani bu cümleyle, başımıza gelen kötü olayın daha kötüsünü çekiyoruz.

Başımıza gelen her olay karşısında kesinlikle kabule geçerek, kötüyü zikretmeden, iyi dualar etmemiz gerekiyor. Ben dualarımı değiştirdim, siz de değiştirin.

Örneğin:

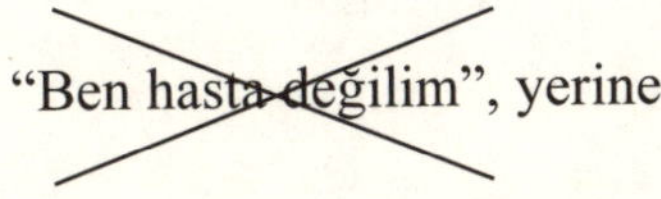

"Ben sağlıklıyım", demelisiniz.

"ALLAH'IM SAĞLIKLI OLDUĞUM İÇİN SANA ŞÜKÜRLER OLSUN."

Ütü ve çaydanlık korkum vardı.

Benim çok fazla korkularım vardı. Bunlardan biri ütüyü fişte unutmak, diğeri ise çaydanlığın altını açık bırakmaktı.

Enerji olayına yönelmeden önce çaydanlıkla, ütü yüzünden eve hep geri dönerdim. Benim için son derece rahatsızlık verici bir eylemdi. İşin kötüsü, eve dönüp fişi ve çayın altını kontrol edip dışarı çıktıktan sonra bile acaba doğru baktım mı diye tekrar eve döndüğüm oluyordu. Kısacası bu korkularım benim hayatımı cehenneme çevirmişti.

Sonra bir gün dedim ki, bu böyle olmuyor. En iyisi ben çaydanlık ve ütüyle birlikte evden çıkayım. İkisini de alıp, poşete attım ve arabamın bagajına koydum. Kendimce bu sorunumu böyle çözümledim.

Bana deli derler diye, bu yaptığımdan kimseye söz etmedim. Tanrı ile benim aramda bir sırdı bu. Bir gün eşim eve benden erken gitmiş ve çay yapmak istemiş ancak çaydanlığı bulamamış. Beni aradı ve çaydanlığı sordu, bagajda olduğunu söyledim. Utandım eşime gerçeği söylemeye. Aslında korkumla yüzleşmeye cesaret edemedim. Yalan söyledim, çaydanlığın sapı kırıldı diye.

Bu böyle aylarca devam etti. Her sabah evden çıkarken ütü ve çaydanlık poşete sokulup, arabamın bagajına konuyordu. Artık ev halkına yalan da söyleyemiyordum çünkü her gün çaydanlığın sapı kırılıyor olamazdı.

Bir gün dedim ki kendi kendime; "Eee! Yeter artık, eğer çaydanlığın altı açık kalacaksa, o da bana bir şey öğretecek" Böylelikle çaydanlığı evde bıraktım. Ütü içinde aynı şeyi söyledim.

"Ben korkak biriyim.
Korkak olduğumu biliyorum.
Korkularımı seviyorum.
Ve şimdi korkularımı özgür bırakıyorum.
Korkularımı serbest bırakıyorum" olumlamasını yaptım.

Akşam eve geldiğimde her şey yerli yerindeydi. Yani çaydanlık ve ütü taşıma eziyeti sonunda mecbur oldum korkularımla yüzleşmeye. O günden beri, ben evden çıkarken çaydanlık ocakta, ütü de ütü masasının üzerinde kalıyor.

Korkularım babamdan, hastalıklarım annemden kaynaklanıyordu. Enerjiyle tanıştıktan sonra bu özelliğimle yüzleşip, kendimi yeniden inşa ettim. Kendimi yeniden oluşturdum ve kendime faydalı oldum.

Denge

Kendi içinizde sağlıklı bir denge kurduğunuz zaman hayatınızdaki her şey de dengeli olur. Dengeyi bozduğunuz zaman ise oluşturmaya çalıştığınız şeyler ya dengesiz bir şekilde oluşur ya da hiç oluşmaz.

Ruhsal anlamda dengeli değilsek her işimiz de dengesiz gider.

Denge, hayata verdiğimiz enerji ile oluşan bir durumdur. Eğer siz doğru ve adilseniz sizin hayatınızdaki her şey güzel devam eder. Ama doğru yaşamıyorsanız, istediğiniz kadar kendinizi kandırın dengeyi kaybedersiniz. Tıpkı domino taşlarının birbirlerini devirmesi gibi dengeniz bozulduğunda sağlığınızdan tutun, eğitim hayatınıza, aşk hayatınıza kadar her şey sarsılır.

Dengenizi zaten kaybettinizse, bari şimdi dengenizi kaybettiğiniz gerçeği ile yüzleşin. Kendinize, "Ben dengeliyim," olumlaması yapın ve bugüne kadar yaşadıklarınızı sevgiyle kabul edin.

Biliyorsunuz toplumumuzda aldatma olayları çok arttı. Son yapılan araştırmalara göre her üç kişiden minimum bir tanesi eşini ya da birlikte olduğu kişiyi en az bir kişiyle aldatmış. Eskiden hep erkeklerin aldattığını duyardık artık kadınları da duymaya başladık. Aslında hep kendimizi kandırdık. Aldatma eylemi iki kişiyle yapılır ve bunların bir kadın, biri erkek olur. Değişik hormon yapılarına sahip olanlardan bahsetmiyorum. Dolayısıyla kadınların erkeklerden tek farkı aldatma eylemini parayla yapmamaları. Hoş günümüzde o da başladı, bütün bunlar gerçekten kişinin dengesini bozan şeyler. Kişi değişik enerji alanlarına girip, enerjisini kirletiyor ve ondan sonra da kirli enerjileri çekmeye başlıyor ya da birçok enerjiyi kendine çekip dengesini yitiriyor.

Kişinin dengesi ya değişik enerjilerle yapılan alışverişlerle bozuluyor, ya sahip olunan değerlere karşı yapılan eylemlerle ya da müptelalıkla bozuluyor.

Örneğin; işkolik bir adam düşünün. Hayatını işine, başarıya ve çok para kazanmaya adamış biri... Bu adamın günün yirmi dört saati hatta rüyasında bile işiyle uğraşırken karısına, çocuklarına duygusal tatmini nasıl verebileceğini düşünün. Mümkün değil, bu iş adamı karısını ancak parayla doyurabileceğini düşünerek kendisini kandırır. Para bir süre kadının boşluğunu doldurur. Jipler, evler, yatlar, katlar... Bu kadar. Ama ya duygusal tatmin? Yoktur. İşte bu noktada kadın, kendisine yönelen ilgilere büyük bir memnuniyetle cevap verir. İstediği kadar kocasına âşık olsun, o boşlukta salınımda olan yüreği büyük bir aşk ile dolar. Kadının ve ailenin hayatı ters düz olur.

Kısaca kocanın hayatlarında yaratmış olduğu dengesizlik, kadını da etkiler ve onun da dengesi bozulur. Dengesi bozulan kadın bu sefer de kocasının dengesini bozmaya başlar. Kadın artık eşine eskisi gibi davranamıyordur, rutini kırmıştır. Erkek karısındaki değişikliği hemen fark eder. Karısı artık daha düşüncelidir, eskiden kızdığı şeylere artık kızmıyordur ya da artık daha fazla gülümsüyordur. Kadın aynı kadın değildir. Karısında meydana gelen değişikliğe dikkat kesilen erkek, bu sefer de eskisi kadar işleriyle ilgilenmemeye başlar. Fakat adamın şu ana kadar kurmuş olduğu öyle büyük bir iş vardır ki, o iş adama öyle bağımlıdır ki, adamın biraz geri çekilmesiyle işte de dengesizlik kendini gösterir. İşte olan dengesizlik çalışanları etkiler ve hatta onların ailelerini de... Bu domino efekti böylece önüne çıkanı devirir gider. Bu nedenle eylemlerimizdeki denge de ruhsal denge kadar önemlidir.

Önemli olan ruhsal dengemizle eylemsel dengemizi bir arada, başarılı bir şekilde yürütebilmektir.

Hani derler ya, "Kaybedecek şeyleri çok olan insanların korkuları da çok olur," diye. Korku başladığı zaman kayıp hızlanır. Bu bir sarmaldır. Burada da denge çok önemlidir. Denge eşiği geçildiğinde korku başlar. Korku başladığında da olumsuz enerjinin çekim gücünü alırız.

Ruhsal dengemizi sağlayabilmemiz için değer yargılarımızın önemi çok büyüktür. Değerlerimizi "mış gibi" yaşamak bizim dengemizi bozmaya yeter de artar bile. Mış gibi yaşamlar, eylemler bize yeni alışkanlıklar kazandırır. Düşünce biçimimizi değiştirir.

Yani adaletli bir kişiysek her an, her olaya karşı adil oluruz. Ama bir kereden bir şey olmaz dersek, bu olayda böyle davranmam gerek diye kendimizi kandırıp adil olmaktan uzaklaşırsak, adaletli bir kişiliğe asla sahip olamayız.

Aynen bir kerecik aldatmaktan bir şey olmaz gibi...

Kişisel denge, ruhsal ve eylemsel dengemizi içerir. Bu noktadan hareketle kişisel dengede olmak için hayatımızın bütününün birbiriyle uyum içinde olması gerekir. Duygularımızı, ruhaniliğimizi, kariyerimizi, sağlığımızı ve ilişkilerimizi bir bütün olarak değerlendirip, bu özelliklerin birbirleriyle olan uyumunu sağlamalıyız. Bu unsurların herhangi birinde meydana gelecek bir düşüş ya da yükseliş bütünün dengesini bozacaktır.

Toplumumuzda çoğu kişi dengede olmadığını fark etmemektedir. Çünkü çoğumuz dengesizliğin dengesinde yuvarlanıp gideriz ve başımıza gelen birçok olayı da kader diye geçiştiririz.

Karma: Yaptığınız Her Şey Size Geri Döner

Karma, çözülmeyen birçok olayın birbirine girmesi demektir. Atalarımız karmalarındaki problemi çözmeden boyut değiştirdiklerinde miraslarını torunlarına bırakıyorlar.

Karmanızı değiştirebilirsiniz. Yeter ki yüzleşin, doğru tanıyı koyun.

Mesela ben hastalık karmamı değiştirdim, onu özgür bıraktım ve sağlıklı oldum.

Karma nasıl çalışır bir bakalım.

Yine aldatma örneğinden yola çıkarsak, eğer siz eşinizi aldatıyorsanız, evrene aldatma enerjisi gönderiyorsunuz demektir. Ve bundan sonra çekeceğiniz enerjiler tamamen aldatanların enerjisidir. Eşinizin de sizin enerjinizle alışverişi olduğundan ya eşiniz sizi aldatacaktır ya da çevrenizdekiler tarafından aldatılacaksınızdır. Aldatma olayı sizde bir karma yaratacaktır. Eğer aldatılma duygusunu yaşamadan bu dünyadan göçüp giderseniz, çocuklarınız hatta torunlarınız bile bu aldatılma acısını çekeceklerdir.

Burada da şöyle bir örnek verebiliriz. Karı koca birbirini aldatmıyor ve hayatlarında hiç kimseyi aldatmamışlar. Ama adam iş ortağı tarafından aldatılıyor. İşte burada bir karmik plan vardır. Babadan, dededen, anadan geçme bir karmadır.

Bu durum geçmişten gelen bir plan, daha önceki hayatlarda yarım kalmış bir durumun bugünkü hesaplaşması olabilir.

Karma; dün çözülmeyen olayların bugüne yansıması, bugünün daha büyük bir yansımayla yarına, yarın çözülmezse daha da büyük olayların birbirine girerek bir diğer yarına yansımasıdır.

BU NEDENLE KENDİNİZE YAPILMASINI İSTEMEDİĞİNİZ HİÇBİR ŞEYİ BİR BAŞKASINA YAPMAYIN...

Karmayı Nasıl Temizleyebiliriz?

Karma temizlemek için yazma tekniği çok önemlidir. Bu nedenle başınıza gelen her şeyi yazın.

SON BİR HAFTADA BAŞIMA GELENLER:

SON BİR AYDA BAŞIMA GELENLER:

SON BİR YILDIR BAŞIMA GELENLER:

BAŞIMA GELENLER:

Yukarıda doldurduğunuz şemaya bir bakın, hayatınızda hep tekrarlayan olaylar mı oluyor? Eğer yanıtınız evet ise karma temizliği yapmaya ihtiyacınız var demektir.

Karma, ekilmişlerin (başlatılmışların) biçilmesidir (neticesidir). Döngünün tamamlanmasıdır. Her döngü şükürle tamamlanmalıdır çünkü arzu edilenin oluşumuna müsaade edilmiş (söz verildiği gibi - sözleşildiği gibi) ve bu müsaade gerçekleşmiştir. Bitmiştir. O oyun bitmiştir. Her karma bir oyundur. Oyunun kendisi karmadır. Tamamlanması için kabul edilmesi, fark edilmesi, idrak edilmesi, yüzleşilmesi, sevilmesi gerekli ve yeterlidir. Ondan sonra şükür gelir. Bu şükür, evrene, sonsuzluğa, sonsuz oyunun yaratıcısı olan bizlere ve içimizdeki Allah'a şükürdür.

Karma Temizliğinde Yazma Yöntemi Çok Önemlidir

Başımıza gelen olayları yazdık. Yazmak bir nevi yüzleşmektir. Kendimizi ve olaya neden olanları affedelim ve özgür bırakalım.

a) Kendi hayatımızdaki yıllara karma temizliği: Öncelikle niyet edin.

"Ben şu anda anne karnındaki günlerimi kabul ediyorum ve yaşadığım her şeyi sevgiye dönüştürmeye niyet ettim."

b) Bir başkası ile olan karmamıza karma temizliği: Öncelikle niyet edin.

"Ben şu anda .... ile olan karmamı kabul ediyorum ve onunla yaşadığım her şeyi sevgiye dönüştürmeye niyet ettim."

c) Geçmişteki bir olaya karma temizliği: Öncelikle niyet edin.

"Ben şu anda ..... durumumu kabul ediyorum ve yaşadığım her şeyi sevgiye dönüştürmeye niyet ettim."

Niyetlerinizden sonra, yazdığınız kâğıdı yakın. Göz görsün, bilinç uyarılsın, burun kokusunu alsın, kulak sesini duysun. Benliğimizi tamamen ikna edelim.

Görme, duyma, işitme, dokunma ve koklama duyularımız bilinçaltımızı etkileyecektir ve o kâğıdın yanmasıyla problemlerin yok olduğu kodunu kendimize verelim.

Bir canlandırma yapalım...

Şimdi mor bir ışık hayal edin ve bu ışığın tepe çakranızdan vücudunuza girdiğini ve omurilik boyunca ilerleyip (aynı anda bütün bedeninizin ve auranızın mor bir ışıkla kaplandığını hayal edin) ayaklarınızdan toprağa ulaştığınız düşünün. Bu uygulamayı çıplak ayakla toprakta ya da sadece hayalinizde yapabilirsiniz. Buradaki mor ışığın sizdeki bütün olumsuz enerjileri, kötü kodları, olumsuzlukları yok edeceğini düşünün.

UNUTMAYALIM!

Ne ekersek onu biçeriz.

Bu dünyada ne yaparsak;

İyilik yaparsak iyilik,

Kötülük yaparsak kötülük buluruz.

Evrenin enerjisi karma felsefesini işler.

İnanışa göre; eğer bir kötülük yapılmışsa, bundan sonra gelecek on nesil bu kötülükten etkilenir.

Dede erik çalar, torunun dişi gıcırdar.

Karma temizliği geçmiş yaşam terapisiyle, bilinçaltı temizliği ile yapılabilir.

Zihindeki kayıtlar silindiği zaman kişi o olumsuz karmayı yaşamak zorunda kalmaz.

Zihin bilgisayar gibidir, 'delete' yaparak silme işlemi gerçekleşir.

Kin Tutmak Bütün Hayatınızı Mahveder...

Nefret etmeyin. Nefret, bir nevi zihni işgal etmektir. Ve bu sizi, nefrete neden olan konuya esir eder.

Nefret, olumuz ve oldukça güçlü bir duygudur. Nefreti hissetmek için kendinize ne kadar izin verirseniz olumsuz enerjilerin elinde o ölçüde oyuncak olursunuz. Birinden nefret etmekle o kişiyi kendi tarafınıza çekersiniz. Bu teması azaltmak için o kişiyi düşüncelerinizden çıkartın. Olumsuz enerjilerle savaşta, iyiliklere olumlu cevap verin.

Nefret enerjisiyle dolu olan bir kimse, bütün kötü enerjileri kendisine çeker. Bu kötü enerji sarmalı da çığ gibi büyüyerek insanın hayatını mahveder.

Değil birinden nefret etmek, bu kelimeyi ağzımıza bile almamamız gereklidir.

İSYAN ETMEYİN!

İsyan bedenimizde öfke yaratır.

Öfke de hastalık yaratır. Öfkeli insanların kansere yakalanma olasılığı, neşeli insanlara göre daha yüksektir.

'Şu anda yaşadığım her şeyi tam olduğu haliyle kabul ediyorum,' olumlaması olumsuz enerjileri durdurur.

İsyan yerine kabulde olursak, evren bize en güzeli sunacaktır.

Direnmeyin, inanın, dileyin, gülümseyin ki hayat da size gülümsesin.

Affetmek

BİLGE KİŞİ ERDEMLİ OLMALI VE BAŞKALARININ HATALARINI GÖRMEZDEN GELMELİDİR.

Suyun her şeyi temizlediği gibi, bilge kişi hatalı insanların hatasını affeder ve bu şekilde yükselmenin yolunu garanti altına alır. Bencil kişi, serzeniş ve ceza karşısında fazla dayanamaz, nefret ve düşmanlık yaratır. Böylece istek ve arzu ortamını ortadan kaldırır, başarı fırsatını yok eder.

İmgeleme-Canlandırma

Gerçekleşmesini istediğiniz şeyleri gerçekleşmiş gibi hayal edin. Gözlerinizi kapatın ve hayalinizin devamlılığını sağlayın. Hatta o hayaliniz gerçekleştiği zaman olacak diğer şeyleri de bir sinema filmi gibi zihninizden izleyin. Hayalinizi canlı bir şekilde izleyin.

Düşüncelerimiz ve duygularımız kimyasal hareketlere sahiptir ve nöronlarımızla bedenimizi sanki gerçekmiş gibi etkiler. Burada dikkat... İmgeleme yaparken kendinize asla olumsuz kodlama yapmayın. Yoksa başarısız olur ve olayı tersine çevirirsiniz.

Biz imgeleme çalışmalarını ne kadar çok yaparsak, vücudumuz, onu gerçek gibi algılar ve hedeflerimize daha çabuk ulaşmamızı sağlarlar.

Mesela yediğiniz her yemeğin size kilo aldırdığını mı düşünüyorsunuz. Kendinizi zayıflamış bir halde hayal edin, yediklerinizin de size kilo verdirdiğini düşünün... Eğer bunu bilinçaltınıza kabul ettirmeyi başarırsanız, bir süre sonra kilo verdiğinizi göreceksiniz.

Çok yedikleri halde bir türlü kilo alamayan insanları düşünün. Onların bilinçaltlarındaki kodlama ne kadar yerlerse yesinler, kilo almayacakları yöndedir.

Tavuk mu yumurtadan, yumurta mı tavuktan? Zayıflar daha çok yerler, kilo almazlar... Şişmanlar daha az yerler ama kilo alırlar. İşte tam böyle bir paradoks içinde cevap, bilinçaltında kodlamadır.

Bu tıpkı bilgisayar programına benzer... Bilgisayara verdiğiniz veriler neticesinde bilgisayarınız size işlem yapar. Bilinçaltı da bir bilgisayarın çipi gibidir. Ne yüklerseniz onu alırsınız.

Canlandırma yaparsanız oluşturmak istediğiniz her şeyi oluşturduğunuzu göreceksiniz...

Olmasını istediğimiz şeyleri de gerçekleşmiş gibi yazmak, resmetmek, fotoğraflamak da imgelemek için büyük kolaylıktır. Bu nedenle kitabın başlarında size tablolar doldurttum.

Bir Diğer Çalışma

Hayatınızda kötü giden şeyleri yazın, yanına da ne hissettiğinizi ve kötü gitmese ne hissedeceğinizi yazın?

SORUN
NE HİSSEDİYORSUNUZ?
BU SORUN OLMASA NE HİSSEDERDİNİZ?

Örn. Kiloluyum.

Kendimi çirkin hissediyorum.

Güzel Hissederdim.

Şimdi de olmasını istediğiniz şeyleri olmuş gibi aşağıdaki tabloda doldurun ve yanına resim çizin.

Örn. 10 Kilo verdim, harikayım.. ....

7 günlük bir çalışmayla hayallerinize ulaşabilirsiniz. Ben bu çalışmaları dolunay zamanlarında yaparım ve yaptırırım. Çünkü dolunay zamanı enerji alanının çok yükseldiği bir zamandır. Olumsuz olayları serbest bırakıp, olumluları imgelerim.

Hıdrellezi bilirsiniz. Türklerin kutladığı bir bayramdır, bahar bayramıdır. Hızır ve İlyas'ın yeryüzünde buluştukları gün olarak kutlanır. "Kul sıkışmazsa Hızır yetişmezmiş," diye bir tabir vardır. İşte bugün Hızır'ın kullara yetiştiği söylenir. Herkes dileklerini bir kâğıda çizer ve gül ağacının altına gömer. Tamamen semboliktir ve size burada anlattığım canlandırmayı yapmayı sağlar. Yüzyıllardan beridir bu gelenek böylece sürüp gitmiştir.

Hıdrellez günü herkes dilek dilediği ve inançlı olduğu için yoğun enerjinin çekim gücü de fazlalaşmaktadır. Dileğimizi resmedip, kırmızı bir keseye koyarız. Kırmızı tezliğin ve yüksek enerjinin rengidir. Kök çakramızın rengidir. Yani dünyevi yaşam merkezimizin rengidir.

Grup enerjisi önemlidir, dualarda, mevlitlerde insanlar bir araya gelir ve yoğun enerji ortaya çıkar. Topluluk olan her yerde dilekler daha çabuk gerçekleşir.

Bir gün tayin edip, ailenizle, arkadaşlarınızla dilek partisi yapabilirsiniz. Burada önemli olan grup enerjisiyle dileklerinizin hatırlanmasıdır.

İste, dile ve yaşa...

Mum Yakmak, Taze Enerjidir...

Hıristiyan toplumlarda ölünün arkasından günlerce mum yakılır.

Bizde ise önceleri kandil yakılırdı, şimdi de ışık yakılır.

Ruh bedenden ayrılıp başka bir boyuta geçerken ışıkla birlikte aydınlanma enerjisi yayılır.

Yani imgeleme olarak aydınlanmanın enerjisini hatırlattığı için ışık, mum ya da kandil yakılır.

Yönlendirme...

Enerjinin yönünü değiştirdiğinizde, ona yön verdiğinizde yeni bir hareket ortaya çıkar ve olayların gidişatını değiştirebilirsiniz. Bilinçli bir şekilde hayatımıza yön verebiliriz. Tıpkı arabanın direksiyonunu kullanmak gibidir bu. Nereye gitmek istiyorsanız yön sizin elinizdedir.

Burada fizik kanunu entropiden bahsetmek gerekir.

Termodinamiğin ikinci yasası olan entropi, evrendeki düzensizlik eğilimine verilen isimdir.

"Kâinatta her şey kendini en düşük enerji ve maksimum düzensizliğe çekmek ister" şeklinde tanımlanır. Yani kendi haline bırakılan tüm sistemler, zamanla düzensizliğe, dağınıklığa ve bozulmaya doğru gider. Bu kural teolojiden, seksolojiye, evren bilime kadar her alanda geçerlidir.

Dolayısıyla yaşamımızda dağınık enerjiye yol vermemek için enerjiyi seçtiğimiz yola dönüştürmek önemlidir.

Ben oturduğum evi almak için kredi borcuna girdim. Yani paramı ve parasal enerjimi yönlendirdim. Ama kimseye söylemedim. Çünkü biri çıkıpda bana, "Bu kadar borca girilir mi?" diye olumsuz kodlama yapsaydı, oluşturduğum enerjinin yolunu bozabilirlerdi.

Borçlarımızı da anlattığımızda başkalarının korku enerjisini alıp, bilinçaltımıza olumsuz kodlama yapabiliriz. Korkularımız harekete geçer.

Ben, Reiki hocam Cem Avunduk'un dan öğrendiklerim sayesinde evrene iyi enerji verip, Tanrı'nın ışığıyla bir arada olup, sağlıklı yaşayıp, çalışarak borçlarımı ödedim ve hiç bir sıkıntıya da girmedim. Bu bilinçle hareket ettim. Başkalarının korku enerjisi ile diplerde kalan korku enerjimi harekete geçirmedim. Paranın akışını sıkı sıkı tutmadım. Evren bana ihtiyacım olan bolluk ve bereketi sağladı. Korkarak bu enerjinin önünü kesmedim.

Hedef belirlediğin zaman enerjini doğru kanalize edebilirsin.

Acılar...

Acı öğretidir. Acılara teşekkür etmek gerekir. Temizlenmek ve dengelenmektir. Acılarda mutluluklar gibi çok değerlidir. Bir şeylerin yanlış gittiğinin habercisidir. Acılarımızı mutlaka dinlemeli, ertelememeli ve dersimizi almalıyız.

Acılardan ders çıkarmamız gerekir ve bize neyi öğrettiği, neyi hatırlattığı gerçeğiyle yüzleşmeliyiz. Acılar, genellikle karmamızdaki temizlenmesi gereken olayların habercisidir.

18 yıldır enerjiyle ilgileniyorum, bu kitabı hazırlarken de kendimde gizli kalmış acılarımı görüp, onlarla yüzleşip, temizleniyorum. İşte yazmak bu kadar önemli... Yazın, bol bol yazın. Yazarken kendinizle yüzleşip, ertelediğiniz problemlerinizi göreceksiniz.

Kızların Kaderleri Neden Annelerine Benzemek Zorunda?

"Köşesine bak mendili al, anasına bak kızını al."

Anonim

Biz bebekken bile yanımızda konuşulanları bir şekilde zihnimize kaydediyoruz. Beyin o zamanlar daha taze ve boş olduğu için bazı şeylerin kaydedilmesi daha kolay oluyor. Ve bize en yakın kişi olarak da annemizin söylemiş olduğu olumlu olumsuz her şey bilinçaltımıza yerleşiyor. Annelerimizin korkuları, bizim de korkumuz oluyor, neşesi bizim de neşemiz oluyor. Kodlanan beynimizde olaylar o şekilde imgeleniyor ve hayal ediliyor. Ve bilinçaltımızda annemizin kodlarıyla yaşadığımızdan hayattaki yönümüz de onunla aynı oluyor. Sonra da, "Ah annesinin kaderi, kızına da geçti," deniyor. Oysa geçen tamamen kodlar.

Biz annemizin kaderinden kendimizi korumak için onun hayatında yanlış giden olaylarla, hastalıklarla yüzleşip, kaderimizi değiştirebiliriz.

Anneler çok önemlidir, çünkü çocukların talihlerini kodluyorlar ve oluşturuyorlar.

Kız ya da erkek fark etmez, çocuklara küçüklüklerinden itibaren olumlu kodlamalar vermek gerek.

Çocuklarınıza doğru enerjiyi vermeye dikkat edin.

Ben oğullarımdan bir tanesinin istediği bir şey yolunda gitmediği zaman ona güven enerjisi yüklüyorum. Ona diyorum ki; "Sen mucizesin, muhteşemsin, bunu yapabilirsin, becerebilirsin, izin ver, yapamazsın diye bir şey yok, üzülme daha iyisini yaparsın." Oğlumla böyle olumlu konuşuyorum.

Ancak çevremden duyuyorum, "Zaten neyi başardın ki, neyi yaptın ki bunu da yapacaksın?" diyerek çocuklarını olumsuz kodlayan anneleri. Ne kadar yanlış, ne kadar sevgisiz... Bunu söyleyen insan kendi karmasının da geleceğinin de etkilendiğini bir bilse, asla bu tip olumsuz sözcükleri kullanmaz. Hele bunu 5 yaşındaki çocuğa söylerseniz, çocuğun 50 yaşındaki halini bile etkilersiniz?

Bakış açınızı daha iyi bir şekilde geliştirin... Günü kendinize zehir de edebilirsiniz, ödül gibi de sunabiliriz.

Düşünceyle birlikte hissettiğimiz duyguların yerini değiştirmemiz önemlidir. Sabah kalktığımızda umutla dolmak, kendimizi olumlu sürprizlere gebe görmek, hayatı kucaklamaya hazır hissetmek günümüzün tümünü etkiler.

Benim eşim bunu başardı. Ben eşimin ödemeleriyle ilgili bakış açısını değiştirdim. Eşim uyandığında, "Yine o firma ödemesini yapmayacak, çekler dönecek, sipariş verdiğim mallar ya defolu çıkarsa, ya ambalajda problem olursa, ya yüklemede sorun olursa," endişeleriyle güne başlardı ve "ya" diye söylendiği her şey de aynen dediği gibi oluyordu. Sonra da diyordu ki; "Aklıma gelen her şey başıma geliyor." Şimdi artık eşim güne daha iyi başlıyor ve ne ödemelerinde çekleri dönüyor, ne sipariş ettiği mallarda problem çıkıyor. İşleri daha iyi gittikçe de teşekkür etmeyi unutmuyor.

UNUTMAYIN!!! YA SATMAZSA KORKUSU, MALINIZI SATTIRMAZ.

İlk başlarda, "Böyle olumsuz konuşma, bak kendin çekiyorsun," dediğimde eşim bana kızardı. Bana inanmaz ve "Yeter artık, saçmalama," derdi... Şimdi o da çekim gücünün yarattığı mucizelerin tadına vardı ve "İyi ki bunu bana öğrettin Nuray," diyor.

Ortaklıklar

Ortaklıkların çoğu hüsranla sonuçlanıyor. Birbirlerine benzemeyen insanlar, birbirlerini çekmezler. Ortaklıklarda da durum böyledir. Siz birbirinize benzemiyor olsaydınız bir arada olmazdınız?

Her ortaklık karşıdakine bir şeyler öğretir. Adalet duygusunu, dürüstlüğü, iyi ve kötü özelliklere karşı hareketi vs... Bu nedenle ortağınızla ters giden bir durum sizin ya bir öğretinizdir, ya da kendinizde değiştirmeniz gereken bir durumdur.

Yaşamdaki ilişkilerde insanlar birbirlerini tamamlarlar. Karşımızdaki insanda bizi rahatsız eden her şey aslında ya bizim zayıf yanımız ya da kötü yanımızdır. Bu gerçekle yüzleşmemiz önemlidir. Önceden olan ve törpülenmiş zannettiğimiz ama yeteri kadar törpülenmemiş olan özelliklerimizi hatırlar ve rahatsız oluruz.

Ortaklıklarda insanların birbirlerine güven enerjisi vermeleri şarttır. Eğer bir ortak diğerine güveniyorsa, karşıdaki de ona güvenir. Hep dediğim gibi, çekim gücü... Ne enerji verirsen, onu alırsın, istediğin kadar gizle, sakla hatta sinsice davran. Herkesi aldatabilirsin ama evreni asla.

İnsanlar birbirlerinin aynalarıdır. Bizler bütün ilişkilerimizde aynaya bakarak konuşuruz. Dolayısıyla karşımızdakinden nefret ediyorsak, aslında beğenmediğimiz bir yönümüzden ötürü kendimizden nefret ediyoruzdur.

FARKINDALIK GÖZLÜKLERİNİ TAKIN.
FARKETMEK İÇİN BAKIN...

Sevgi Enerjinizi Harekete Geçirin

Almanya'da Dr. Helen'in eğitimlerine katıldım. Oradan öğrendiğin dört cümle benim hayatıma çok şey kattı.

— *SENİ SEVİYORUM.*
— *SENDEN ÖZÜR DİLİYORUM.*
— *LÜTFEN BENİ AFFET.*
— *TEŞEKKÜR EDERİM.*

Benliğimize, "Seni seviyorum," demek onun sevgi enerjisini yükseltir. Bilerek veya bilmeyerek kendimize haksızlık yaparız ve bu benliğin bir özre ihtiyacı var. Enerjimizi dengelememiz için, "Özür dilerim," sözü önemlidir. Kendimizi affetmemiz ve bağışlamamız da yaşam enerjisi açısından hayatidir. Kendimizi affetmek için kendinize tıpkı başkasına söyler gibi, "Lütfen beni affet," cümlesini kurabilmeliyiz. Kabule geçtiğimiz için de teşekkür etmemiz gerekir.

Bu olumlamaları kendimize olduğu kadar başkalarına da söylemeliyiz.

Mesela birisiyle aramız mı açıldı, getirin o kişinin görüntüsünü gözünüzün önüne ve seni seviyorum, senden özür diliyorum, lütfen affet beni, teşekkür ederim deyin. Bu çalışma için günde 10 dakika ayırmak hayatımızın akışını değiştirecektir.

Ben bütün gün bu sözleri söyler dururum. Mesela trafik sıkışır, özür dilerim. "Acaba nasıl bir hata yaptım ki trafik sıkıştı?" diye sorarım kendime. Çünkü normalde trafik problemim yoktur, park yeri problemim yoktur, benim gittiğim yollar her zaman bana açık olur. Ama işte bir gün gelir trafik sıkışırsa da suçu kendimde arar ve özür dilerim.

Trafikte bir özür diliyorum, ondan sonra kuş gibi gidip, kuş gibi geliyorum.

SABAH UYANDIĞIMIZDA VE AKŞAM YATAĞIMIZA UZANDIĞIMIZDA GÖĞÜS KAFESİMİZE 21 KERE VURMAK, BENLİĞİNİZİ UYANDIRIR. RUH DAİMİ OLARAK BİR GAFLETİN İÇİNDEDİR. GÜNE BAŞLARKEN RUH NE YAŞAYACAĞIM GAFLETİNİ YAŞAR, AKŞAM YATARKEN DE YAŞADIKLARINA ÖFKE DUYABİLİR, DUYGUSAL KAVGA YAŞAYABİLİR, YAŞATABİLİR. DOLAYISIYLA RUHU, UYUDUĞU GAFLETTEN UYANDIRMAK İÇİN 21 KEZ GÖĞÜS KAFESİNİZE YAVAŞÇA VURMANIZ YETERLİDİR.

OLUMLAMALAR

İnsanoğlu düşünceden ibarettir.
Gerisi et ve kemikten
Gül ekersen gülistan olur
Diken ekersen dikenlik olur

Mevlana

Güven Duygusu

Evren güvenli.
Ben, güvendeyim.
Ben, güvende olduğumu biliyor ve inanıyorum.
Ben, güvende olduğumu kabul ediyorum.
Ben, güvende olduğum için kendimi takdir ediyorum.
Ben, güvende olduğum için şükrediyorum.

Ben, herkese güveniyorum.
Ben, herkese güvendiğimi biliyor ve inanıyorum.
Ben, herkese güvendiğimi kabul ediyorum.
Ben, herkese güvendiğim için kendimi takdir ediyorum.
Ben, herkese güvendiğim için şükrediyorum.

Ben, güvenilirim.
Ben, güvenilir olduğumu biliyor ve inanıyorum.
Ben, güvenilir olduğumu kabul ediyorum.
Ben, güvenilir olduğum için kendimi takdir ediyorum.
Ben, güvenilir olduğum için şükrediyorum.

Ben, kendime güveniyorum.
Ben, kendime güvendiğimi biliyor ve inanıyorum.
Ben, kendime güvendiğimi kabul ediyorum.
Ben, kendime güvendiğim için kendimi takdir ediyorum.
Ben, kendime güvendiğim için şükrediyorum.

Ben, her yerde güvendeyim.
Ben, her yerde güvende olduğumu biliyor ve inanıyorum.
Ben, her yerde güvende olduğumu kabul ediyorum.
Ben, her yerde güvende olduğum için kendimi takdir ediyorum.
Ben, her yerde güvende olduğum için şükrediyorum.

Sevgili Hocam Cem Avunduk'un notlarından…

Kendini İfade Etme

Ben, kendimi sevgi ile ifade ediyorum.
Ben, kendimi sevgi ile ifade ettiğimi biliyor ve inanıyorum.
Ben, kendimi sevgi ile ifade ettiğimi kabul ediyorum.
Ben, kendimi sevgi ile ifade ettiğim için kendimi takdir ediyorum.
Ben, kendimi sevgi ile ifade ettiğim için şükrediyorum.
Ben, duygularımı sevgi ile ifade ediyorum.
Ben, duygularımı sevgi ile ifade ettiğimi biliyor ve inanıyorum.
Ben, duygularımı sevgi ile ifade ettiğimi kabul ediyorum.
Ben, duygularımı sevgi ile ifade ettiğim için kendimi takdir ediyorum.
Ben, duygularımı sevgi ile ifade ettiğim için şükrediyorum.

Özgür Olmak İçin

Ben, özgürüm.
Ben, özgür olduğumu biliyor ve inanıyorum.
Ben, özgür olduğumu kabul ediyorum.
Ben, özgür olduğum için kendimi takdir ediyorum.
Ben, özgür olduğum için şükrediyorum.

Sağlıklı Olmak İçin

Ben, sağlıklıyım.
Ben, sağlıklı olduğumu biliyor ve inanıyorum.
Ben, sağlıklı olduğumu kabul ediyorum.
Ben, sağlıklı olduğum için kendimi takdir ediyorum.
Ben, sağlıklı olduğum için şükrediyorum.

Güç

Ben, yalnız ve tek başıma ….. sız/siz güçlüyüm.
Ben, yalnız ve tek başıma ….. sız/siz güçlü olduğumu biliyor

ve kabul ediyorum.
Ben, yalnız ve tek başıma ..... sız/siz güçlü olduğumu kabul ediyorum.
Ben, yalnız ve tek başıma ..... sız/siz güçlü olduğum için kendimi takdir ediyorum.
Ben, yalnız ve tek başıma ..... sız/siz güçlü olduğum için şükrediyorum.

Ben, her halimle güçlüyüm.
Ben, her halimle güçlü olduğumu biliyor ve inanıyorum.
Ben, her halimle güçlü olduğumu kabul ediyorum.
Ben, her halimle güçlü olduğum için kendimi takdir ediyorum.
Ben, her halimle güçlü olduğum için şükrediyorum.

Ben, kendi iç gücüme sahip çıkıyorum.
Ben, kendi iç gücüme sahip çıktığımı biliyor ve inanıyorum.
Ben, kendi iç gücüme sahip çıktığımı kabul ediyorum.
Ben, kendi iç gücüme sahip çıktığım için kendimi takdir ediyorum.
Ben, kendi iç gücüme sahip çıktığım için şükrediyorum.

Ben, gücümü içimdeki sevgiden alıyorum.
Ben, gücümü içimdeki sevgiden aldığımı biliyor ve inanıyorum.
Ben, gücümü içimdeki sevgiden aldığımı kabul ediyorum.
Ben, gücümü içimdeki sevgiden aldığım için kendimi takdir ediyorum.
Ben, gücümü içimdeki sevgiden aldığım için şükrediyorum.

Değerli Olmak

Ben, yalnız ve tek başıma ..... sız/siz değerliyim.
Ben, yalnız ve tek başıma ..... sız/siz değerli olduğumu biliyor ve inanıyorum.

Ben, yalnız ve tek başıma ..... sız/siz değerli olduğumu kabul ediyorum.
Ben, yalnız ve tek başıma ..... sız/siz değerli olduğum için kendimi takdir ediyorum.
Ben, yalnız ve tek başıma ..... sız/siz değerli olduğum için şükrediyorum.

Ben, her halimle değerliyim.
Ben, her halimle değerli olduğumu biliyor ve inanıyorum.
Ben, her halimle değerli olduğumu kabul ediyorum.
Ben, her halimle değerli olduğum için kendimi takdir ediyorum.
Ben, her halimle değerli olduğum için şükrediyorum.

Ben, kendi değerime sahip çıkıyorum.
Ben, kendi değerime sahip çıktığımı biliyor ve inanıyorum.
Ben, kendi değerime sahip çıktığımı kabul ediyorum.
Ben, kendi değerime sahip çıktığım için kendimi takdir ediyorum.
Ben, kendi değerime sahip çıktığım için şükrediyorum.

Ben, kendime değer veriyorum.
Ben, kendime olduğum gibi değer veriyorum
Ben, herkese değer veriyorum.
Ben, herkese olduğu gibi değer veriyorum.
Ben, herkesin olduğu gibi olmasına izin veriyorum.

Çaresizlik

Ben, her şeyin çaresini buluyorum.
Ben, her şeyin çaresini bulduğumu biliyor ve inanıyorum.
Ben, her şeyin çaresini bulduğumu kabul ediyorum.
Ben, her şeyin çaresini bulduğum için kendimi takdir ediyorum.
Ben, her şeyin çaresini bulduğum için şükrediyorum.

Her şeyin çaresi benim içimde.
Her şeyin çaresinin içimde olduğunu biliyor ve inanıyorum.

Her şeyin çaresinin içimde olduğunu kabul ediyorum.
Her şeyin çaresi benim içimde olduğu için kendimi takdir ediyorum.
Her şeyin çaresi benim içimde olduğu için şükrediyorum.

Yetersizlik Duygusu

Ben, her halimle yeterliyim.
Ben, her halimle yeterli olduğumu biliyor ve inanıyorum.
Ben, her halimle yeterli olduğumu kabul ediyorum.
Ben, her halimle yeterli olduğum için kendimi takdir ediyorum.
Ben, her halimle yeterli olduğum için şükrediyorum.

Ben, yalnız ve tek başıma ..... sız/siz yeterliyim.
Ben, yalnız ve tek başıma ..... sız/siz yeterli olduğumu biliyor ve inanıyorum.
Ben, yalnız ve tek başıma ..... sız/siz yeterli olduğumu kabul ediyorum.
Ben, yalnız ve tek başıma ..... sız/siz yeterli olduğum için kendimi takdir ediyorum.
Ben, yalnız ve tek başıma ..... sız/siz yeterli olduğum için şükrediyorum.

Yok Olma Korkusu

Ben, her halimle varım.
Ben, her halimle var olduğumu biliyor ve inanıyorum.
Ben, her halimle var olduğumu kabul ediyorum.
Ben, her halimle var olduğum için kendimi takdir ediyorum.
Ben, her halimle var olduğum için şükrediyorum.

Ben, yalnız ve tek başıma ..... sız/siz varım.
Ben, yalnız ve tek başıma ..... sız/siz varolduğumu biliyor ve inanıyorum.

Ben, yalnız ve tek başıma ….. sız/siz varolduğumu kabul ediyorum.
Ben, yalnız ve tek başıma ….. sız/siz varolduğum için kendimi takdir ediyorum.
Ben, yalnız ve tek başıma ….. sız/siz varolduğum için şükrediyorum.

Aşağılanma

Ben, herkesle birim.
Ben, herkesle bir olduğumu biliyor ve inanıyorum.
Ben, herkesle bir olduğumu kabul ediyorum.
Ben, herkesle bir olduğum için kendimi takdir ediyorum.
Ben, herkesle bir olduğum için şükrediyorum.

Başarı

Ben, yalnız ve tek başıma ….. sız/siz başarılıyım.
Ben, yalnız ve tek başıma ….. sız/siz başarılı olduğumu biliyor ve inanıyorum.
Ben, yalnız ve tek başıma ….. sız/siz başarılı olduğumu kabul ediyorum.
Ben, yalnız ve tek başıma ….. sız/siz başarılı olduğum için kendimi takdir ediyorum.
Ben, yalnız ve tek başıma ….. sız/siz başarılı olduğum için şükrediyorum.

Bolluk ve Bereket

Evren bolluk içinde.
Evrenin bolluğu bana akıyor.
Para bana çoğalarak geliyor.
İhtiyacım olan her şeyi ihtiyacım olduğu anda evren bana

verir.
Ben çok parayı hak ediyorum.
Ben çok paraya layığım.

Evrenin bana vermek istediği tüm bolluk ve bereketi ayırım yapmaksızın olduğu gibi kabul ediyor ve istiyorum.
Bu bilinç ve sorumlulukla onu paylaşmak için elimden geleni yapacağım.
Çok parayı hak ediyorum. Çok paraya layığım.

Zenginlik

Ben, çok zengin olmayı hak ediyorum.
Ben, çok zengin olmaya layığım.
Para bana sevgiyle geliyor.
Ben, parayı sevgiyle alıyorum.
Çok zengin ve bolluk içinde yaşamak benim en doğal hakkım.

Yalnızlık Duygusu

Ben, kendi içimde tam ve bütünüm.
Ben, kendi içimde tam ve bütün olduğumu biliyor ve inanıyorum.
Ben, kendi içimde tam ve bütün olduğumu kabul ediyorum.
Ben, kendi içimde tam ve bütün olduğum için kendimi takdir ediyorum.
Ben, kendi içimde tam ve bütün olduğum için şükrediyorum.

Ben, yalnız ve tek başıma kendi içimde tam ve bütünüm.
Ben, yalnız ve tek başıma kendi içimde tam ve bütün olduğumu biliyor ve inanıyorum.
Ben, yalnız ve tek başıma kendi içimde tam ve bütün olduğumu kabul ediyorum.
Ben, yalnız ve tek başıma kendi içimde tam ve bütün oldu-

ğum için kendimi takdir ediyorum.
Ben, yalnız ve tek başıma kendi içimde tam ve bütün olduğum için şükrediyorum.

Ben, kendi yolumu kendim açıyorum.
Ben, kendi yolumu kendim açtığımı biliyor ve inanıyorum.
Ben, kendi yolumu kendim açtığımı kabul ediyorum.
Ben, kendi yolumu kendim açtığım için kendimi takdir ediyorum.
Ben, kendi yolumu kendim açtığım için şükrediyorum.

Ben, kendi yolumda sevgi ile ilerliyorum.
Ben, kendi yolumda sevgi ile ilerlediğimi biliyor ve inanıyorum.
Ben, kendi yolumda sevgi ile ilerlediğimi kabul ediyorum.
Ben, kendi yolumda sevgi ile ilerlediğim için kendimi takdir ediyorum.
Ben, kendi yolumda sevgi ile ilerlediğim için şükrediyorum.

Sevgi

Ben, kendimi seviyorum.
Ben, kendimi olduğum gibi seviyorum.
Ben, kendimin olduğum gibi olmasına izin veriyorum.
Ben, herkesi seviyorum.
Ben, herkesi olduğu gibi seviyorum.
Ben, herkesin olduğu gibi olmasına izin veriyorum.

Ben, sevgiyim.
Ben, sevgi olduğumu biliyor ve inanıyorum.
Ben, sevgi olduğumu kabul ediyorum.
Ben, sevgi olduğum için kendimi takdir ediyorum.
Ben, sevgi olduğum için şükrediyorum.

Ben, her şeyi sevgiyle yaratıyorum.
Ben, her şeyi sevgiyle yarattığımı biliyor ve inanıyorum.
Ben, her şeyi sevgiyle yarattığımı kabul ediyorum.

Ben, her şeyi sevgiyle yarattığım için kendimi takdir ediyorum.
Ben, her şeyi sevgiyle yarattığım için şükrediyorum.

Herkes beni seviyor.
Ben, sevildiğimi biliyor ve inanıyorum.
Ben, sevildiğimi kabul ediyorum.
Ben, sevildiğim için kendimi takdir ediyorum.
Ben, sevildiğim için şükrediyorum.

Herkes beni seviyor.
Herkesin beni sevdiğini biliyor ve inanıyorum.
Herkesin beni sevdiğini kabul ediyorum.
Herkes beni sevdiği için kendimi takdir ediyorum.
Herkes beni sevdiği için şükrediyorum.

Sevgi benim içimde.
Sevginin benim içimde olduğunu biliyor ve inanıyorum.
Sevginin benim içimde olduğunu kabul ediyorum.
Sevgi benim içimde olduğu için kendimi takdir ediyorum.
Sevgi benim içimde olduğu için şükrediyorum.

Para

Paranın her yerden gelmesine izin veriyorum.
Para, bana serbestçe akar.
Ben, parayı mutlulukla harcarım.
Para, bana katlanarak gelir.
Para, bana sevgiyle gelir.
Ben, parayı sevgiyle harcarım.
Ben, parayı sevgiyle paylaşırım.
Para, araçtır.

Para, sevgidir.
Para, harcadıkça çoğalır.
Benim hesaplarım para ile dolar.

Ben, bol paraya layığım.
Ben, her şeyin en iyisine layığım.
İhtiyacım olan para ihtiyacım olduğu anda gelir.
Para, bana çoğalarak geliyor.
Ben, çok paraya layığım.
Ben, çok parayı hak ediyorum.
Ben, parayı sevgiyle veriyorum.
Para, bana kolaylıkla gelir ve sevgiyle kalır.

Suçluluk Duygusu

Ben, kendimi tam olduğum halimle onaylıyorum.
Ben, yaptığım ve yaşadığım her şeyi onaylıyorum.
Ben, tüm yaşadıklarımı yaşanması gerektiği için yaşadım.
Ben, tüm kararlarımı ve seçimlerimi onaylıyorum.
Ben, herkesin olduğu gibi olmasına izin veriyorum.

Değişim

Benim değişim korkum var.
Ben, kendi yolumu kendim yaratıyorum.
Ben, kendi yolumu kendim açıyorum.
Ben, kendi yolumda sevgiyle ilerliyorum.
Ben, her an ve her yerde güvendeyim.

Kendini Affetme

Gözleriniz kapalı kendi görüntünüzü gözünüzün önüne getirin. Ona bakarak yüksek sesle aşağıdaki cümleleri tekrarlayın.

Yaşadığım ve yaptığım her şeyi seviyorum.
Tüm yaşadıklarımı yaşanması gerektiği için yaşadım.
Yaşadığım ve yaptığım her şey için kendimi onaylıyorum.
Beni bir başkasının onaylaması gerekmiyor.

Ben kendimi seviyor, beğeniyor ve onaylıyorum.
Yaşadığım her şey benim kendi seçimim.
Verdiğim her karar benim kendi seçimim.
Ben, tüm kararlarımı ve yaşadığım her şeyi onaylıyorum.
Ben, kendimi onaylıyorum.
Ben, kendimi affediyorum.
Ben, kendimi tümüyle seviyor ve takdir ediyorum.
Hayatı seviyorum.
Yaşamayı seviyorum.

Kalbinizden çıkaracağınız pembe sevgi ışığını kendi kalbinize geri yollayın. Işıklar çoğaldıkça yüzünüzdeki değişimleri takip edebilirsiniz.

Başkasını Affetme

Gözlerinizi kapatıp affetmeye karar verdiğiniz ve affetmeye niyet ettiğiniz kişinin görüntüsünü gözünüzün önüne getirin. Ona bakarak yüksek sesle aşağıdaki cümleleri tekrarlayın.

Ben, seni affetmeye niyet ettim.
Ben, seni şu anda affetmeyi kabul ediyorum.
Seninle yaşadığım her şeyin benim en yüce hayrıma olduğunu kabul ediyorum.
Bu dünyada oyun arkadaşım olduğunu kabul ediyorum.
Senin varlığına şükrediyorum.
Bu yolda sevgiyle seni serbest bırakıyorum.
Seni affediyorum.
Kendimi affediyorum.

Kalbinizden çıkartacağınız pembe ışığı o kişinin kalbine yollayın ve o kişinin yüzünde oluşacak değişimleri gözlemleyin. Bu meditasyon değişim dönüşüm meditasyonudur. Affetmeye niyet ettiğimiz kişiyi tamamen affedene kadar her gün devam edilmelidir.

Bir Olay Anında

Yaşadığım bu olayı tam olduğu haliyle kabul ediyorum.
Yaşadığım her şeyin benim en yüce hayrıma olduğuna inanıyorum.
Şu an kabuldeyim.

Derin bir nefes alıp, yukarıdaki cümleleri tekrarlayarak kabule geçip, o anki olayın içinden sevgiyle geçebilirsiniz. Hemen arkasından da hangi korkunuzdan dolayı bunu yaşadığınızı bulup, o korkuya ait enerjinizi sevgiye dönüştürebilirsiniz.

Sigarayı Bırakmak İçin

Sigarayı bırakmaya içten niyet et.
Neden sigara içiyorsun?
Korkunu bul.
Sigaraya başladığın güne git.
Sigara içince nasılsın?
Dünyada bir daha sigara satılmasa ne olur?

OLUMLA...

Ben, sigarasız başarılıyım.
Ben, her halimle başarılıyım.
Ben, sigarasız var oluyorum.

ASTROLOJİ

Astroloji insan hayatındaki yaşananları ve yaşanacakları doğum haritanıza göre ortaya koyan kabul edilmiş en eski bilim dalıdır.

Size ait şanslı zamanları, doğum haritanızda sizi kısıtlayan, zorlayan alanları, gecikmeleri gösterir. Astrolojik harita ile ortaya konulan yaşam grafiğinizde çıkanlar sizin değişmeyen kaderiniz değildir... Nasıl hareket edeceğiniz, neler yapacağınız ve bu bağlantıda yaşayacaklarınız sizin iradeniz içindedir. Gezegenlerin iyi açılar yaptığı şanslı dönemlerde, hiçbir şey yapmadan oturursanız bu fırsatları kaçırabilirsiniz. Aynı şekilde gezegenlerin zorlayıcı etkiler yaptığı dönemlerde gerekli gayret ve azmi gösterirseniz tüm zorlukları aşabilir, farkında bile olmadığınız içinizdeki gücü ortaya çıkarabilirsiniz.

Unutmayın, doğduğunuz andaki kaderi değiştirme şansınız var...

Modern çağda, tıpkı diğer bilimler gibi astroloji de uzmanlık alanlarına bölünmüştür.

Devletler ve Politik Astroloji: Devletleri ve onların politik olaylarını, gelişimini inceler.

Bölgesel Astroloji: Şehirler Astrolojisi ile aynıdır, fakat belirli bölgeleri de inceler.

Şehirler Astrolojisi: Şehirleri ve genelde şehirlerdeki oluşumları inceler.

Lider Astrolojisi: Lider ile ilgili incelemeler yapar.

Irklar Astrolojisi: Irkların oluşumlarını ve kültürel gelişimlerini inceler.

Ülkeler Astrolojisi: Devletler Astrolojisi'nin bir koludur ve ülkelerin kuruluş anlarına göre incelemede bulunur.

Meteorolojik Astroloji: Hava şartlarından, jeolojik olaylara kadar, depremler, sel baskınlari vb. fiziksel olayları inceler.

Saatlik Astroloji: Herhangi bir sorunun yanıtını almak için o ana göre çıkartılan haritayı inceler.

Bireysel Astroloji: Kişinin karakterini, yeteneklerini, olumlu veya olumsuz eğilimlerini inceler.

Davranış Astrolojisi: Davranış Astrolojisi günümüz psikoloji bilgilerinden yararlanarak haritaya yeni boyutlar katar.

Kalıtım Astrolojisi: Doğum haritasında genetik faktörlerini araştırır.

Tıbbi Astroloji: Doğum haritasında kişinin sağlığı hakkında bilgiler verir.

Üzerinde en çok durulan bireysel (Kişisel) Astrolojidir.

Bireysel astroloji, kişinin karakterini, yeteneklerini olumlu veya olumsuz yönlerini incelediği gibi kişinin ailesel konumu veya yapısı, eğitim durumu, iş hayatı, dostlukları, yakın çevresi ve genel açıdan sağlığı ile ilgili bilgiler de vermektedir.

Burçlara Göre İmaj Özellikleri

Koç Erkeği ve Kadını

Güçlü sahneleri, görkemli bol aksesuarlı oyunları ve canlı renkleri sever ve risk ister. Hüzünler, nostaljik oyunlar ona göre değildir. Koç kadını ve erkeği maskulen yanını ön plana çıkarır. Kendisini tutkularına kaptırmaktan çekinmez.

Boğa Erkeği ve Kadını

Güzellikler içinde gününü gün eder. Özel kumaşlardan hoşlanır. Sıcak renklere gömülüdür ama giysileri sağlam ve köklü olmakla birlikte pratik de olmalıdır. Kendine has bir stili vardır. Deneysellik aramaz. Görünüşüne önem verir. Etraflıca düşünür. Boğalar için zarafet olmak yenilikçi olmaktan önce gelir. Bir boğa insanı, girdiği her ortamda fark edilir.

İkizler Erkeği ve Kadını

İkizler, yükselen değerleri takip eder. Hiçbir şeyden korkmadan her şeyi deneyebilir. Rol yapmayı sever. Bazen iyilik dağıtan bir peri, bazen eğlenceli bir komik, bazen renkli bazen de sportiftir. Keyfine ve zevkine uygun olarak o an içinden nasıl geliyorsa öyle davranır. Dönemine göre akşamdan sabaha değişebilir. Sevdiği renkler:Ssiyah, beyaz ve pastel renklerdir.

Yengeç Erkeği ve Kadını

Yengeç oyuncudur. Zayıf yanlarını gizlemek için hemen yeni bir role soyunur. Ama hiç belli etmez. Farklı kombinasyonlara, hoş renk uyumlarına düşkündür. Yüzeysel değil derin ilişki arayanlar tarafından fark edilmek ister.

Aslan Erkeği ve Kadını

Parıldamak aslan insanına güven verir. Karizmatik ve moderndir. Gündelik işlerde bile diğerlerine göre hep biraz daha şık giyinmiştir. Aslan, her anlamıyla lüksü sever. Mücevher kutusu tıka basa doludur ve özenle seçilmiş gardırobu ise son modadır.

Başak Erkeği ve Kadını

Başak, kalite için paradan harcamaktan sakınmaz. Severek aldığı bir şey de birkaç yıl hatta bir on yıl dayanır. En son modanın peşinde koşmaz. Değerli markalara, sade ve klasik bir tarza önem verir. Gardırobu göze çarpan iyi çalışılmış parçalardan oluşur. Göz alıcı değil, kendi halindedir.

Terazi Erkeği ve Kadını

Terazi kadını ve erkeği oldukça estetiktir. Stil, model ve güzellik onun için doğal bir gereksinimdir. Çoğunlukla iki dirhem bir çekirdektir. Gizem dolu bir biçimi vardır. Gerçek şıklığı evinde yakalar. Aksesuar seçiminde dengelidir.

Akrep Erkeği ve Kadını

Akrebin değişken bir kişiliği vardır. Amacına ulaşmak için her şeyini ortaya koyar. Beyniyle tamamen amaca konsantre olmuşken bedensel yorgunluk nedir bilmez. Egzantriktir. Bedenini tanır. Erotiktir. Kendisine uygun olan modayı izler.

Yay Erkeği ve Kadını

Yay, maceraya ve marjinalliğe düşkünlüğünü dış görünüşüyle belli eder. Özgürlüğü sever. Bireyseldir ve moda olanın farkındadır. Seçicidir ama stili tam oturmamıştır. Egzotik kumaşlara, dekolte giysilere bayılır.

Oğlak Erkeği ve Kadını

Oğlaklar nicelikten çok niteliğe önem verirler. Bir sürü cicili bicili süsler yerine ağırbaşlı bir dış görünüş sergilemeyi tercih ederler. Oğlaklar bir yığın ucuz eşya yerine az ama iyi işlenmiş eşyaları tercih ederler. Giydikleri iyi bir kombinasyon oluşturmalı, klasik ve rahat olmalı, her yere uymalıdır.

Kova Erkeği ve Kadını

Kovalar dikkat çekmeyi sever. İnsanların çevresinde dört dönüp onu alkışlamaları hoşuna gider. Belli bir stilleri yoktur. Onlar için herhangi bir statü sembolü de yoktur. Bireyselliklerini vurgularlar. Yeni bir giysi mi arıyorlar, mutlaka bulurlar.

Balık Erkeği ve Kadını

Balık çok değişkendir. Bazen nostaljik bir oyunbaz, bazen su perisi havalarında, bazen de neredeyse çıplak ya da çok şıktır. Bir bakarsınız bir akşam yemeğinde gözlerden gizlenir, ertesi akşam bütün dikkatleri üzerine toplamıştır. Giysileri de oynadığı role uygundur her zaman, dikkat çekici ve değerlidir.

GÜNLER, BURÇLAR VE BİTKİLER

PAZAR

Pazar gününü Güneş yönetir. Güneş bizi yeniden yapılandırır ve yeni bir hafta için bizi enerjiyle doldurur. Bu gezegen, uyanışı temsil eder ve bize hayatla ilgili yeni ilhamlar verir.

Yönetici Burç: Aslan, Yay.

TATİL PLANLARI YAPILIRSA GİDİLECEK YOLCULUK NEŞELİ GEÇER.

BOLLUK VE BEREKET İÇİN:

Bugün, evimizde tarçın çubuklarını yakar ve bu kokuyu hissedersek, bolluk ve bereket içinde olduğumuzu imgelersek benliğimiz maddi karışıklıklarımızdan sıyrılır. Tarçını tütsülemek ve kokuyu içimize çekmek beyinde mutluluk hormonunu çoğaltır. Evin dört bir yanına tarçın çubuğu koyduğumuz zamanda mekânın enerjisini düzenler. Mutluluk, bolluk, bereket ve huzuru arttırır.

Pazar gününün bir diğer bitkisi ceviz ve bademdir. Mutfak masasının üzerine pazar günleri ceviz koymak gerekir. Eğer mutfakta bulunan bir ayna masanın üzerini görüyorsa, bolluk ve bereket artar. Masanızın üzerinden cevizi eksik etmeyin.

Mutfakta ayna varsa o evin bereketi de çok olur bulaşığı da!

"Yemek yenen yerde bereket olur," derler. Evinize gelen herkese su bile olsa rızkını verin. Verirseniz sizin de rızkınız artar, çoğalır.

PAZARTESİ

Pazartesi gününü Ay yönetir. Ay zihnimizi temsil eder. Zihnimiz ise düşünceler, duygular, tutkular, sevinçler ve üzüntülerle doludur. Ay med-cezir hareketleri gibi zihnimizi karıştırır.

Yönetici Burç: Yengeç.

AİLE, EĞİTİM İLE İLGİLİ PLANLAR YAPILDIĞINDA ÇOK İYİ SONUÇLANIR.

DAHA KESİN VE NET KARARLAR BUGÜN ALINIR.

Bitkisi: Turunçgiller.

Pazartesi günü limonata yapmak ve ikram etmek ağız tadını arttırır. Neşeyi arttırır, içinizi temizler. Evin içinde limon kabuğu yakmak eskiden gelen endişelerin ve huzursuzlukların bitmesine veya azalmasına yardımcı olur.

SALI

Salı gününü Mars yönetir. Mars; sürtüşmelerden kaynaklanan olaylara bayılır. Savaşlar, kavgalar, gerginlikler hep Mars gezegeninden kaynaklanır. Salı günleri iş toplantısı koyulmaz.

Yönetici Burç: Koç ve Akrep.

BUGÜN REKABET VE ŞİFA İLE İLGİLİ OLAYLAR AÇIĞA ÇIKAR VE NETLEŞİR.

Bitkisi: Kekik, Anason, Muz.

O gün evinize muz almak bereketi sağlar. Kekikle tütsü yapmak rekabetle ilgili sorunlarınız varsa olumlamasını yapma günüdür. Örneğin; rekabetten korkuyorsak, "Ben güvendeyim, yaptığım işi sevgiyle yapıyorum, ben başarıya sahibim," olumlamalarını yapmak gerekir. Tütsü yaptığınızda amaç zihin ve ruhun o kokuyu duymasıdır.

Ben tütsülerimi toprak kapta yapar ve bütün odalarımı gezdiririm.

ÇARŞAMBA

Çarşamba gününü Merkür yönetir. Merkür anlama, düşünme, bilgilenme, danışmanlık, hatırlama gibi fonksiyonları temsil eder.

Yönetici Burç: İkizler ve Başak.

DİYETE BAŞLAMA GÜNÜDÜR. ÇARŞAMBA BAŞLAYAN REJİMLER OLUMLU SONUÇLAR VERİR.

AYNI ZAMANDA ÇARŞAMBA İLETİŞİM VE DÜZENLEME GÜNÜDÜR.

EVRAKLARINIZ, BANKALARLA OLAN İLİŞKİLERİNİZİ DÜZENLEME ZAMANIDIR.

MERKÜR AKLIN, ZEKÂNIN VE ENERJİNİN GEZEGENİDİR. ÇARŞAMBA GÜNÜ ATILAN HER ADIM SAĞLAM TEMELLİ OLUR.

YENİ BİR İŞE BAŞLAMAK İÇİN İDEAL GÜNDÜR.

Bitkisi: Adaçayı.

Bugün adaçayı içmek zihni kuvvetlendirir. Vücutta birikmiş kaygıların sona ermesine yardımcı olur. Bilgelik bitkisi adaçayı ile evimizi, işyerimizi tütsülemek başarımızı arttırır. Olumsuz olanları yok eder, olumluları arttır.

PERŞEMBE

Perşembe gününü Jüpiter yönetir. Jüpiter öğretmendir. Şans, ruhsal konular, manevi değerleri temsil eder.

Yönetici Burç: Yay.

BOLLUĞUN, BEREKETİN GEZEGENİDİR.

PERŞEMBE GÜNÜ KONTROL KAYBEDİLİR. JÜPİTER ÖYLE BİR GEZEGENDİR Kİ GENİŞLİK VERİR. AMAN DİKKAT ÇOK YEMEK YERSİNİZ. FERAHLIK VE RAHATLIK VERİR.

Bitkisi: Defneyaprağı, Nar.

Defneyapraklarını yakar ve tütsü yaparsak zihnimiz kuvvetlenir ve aynı zamanda dileklerimiz bugün daha kolay gerçekleşir. Meditasyonlarımızı perşembe sabahı yaparsak daha iyi yoğunlaşmış oluruz. Bugün bilgi bize daha iyi akar.

Eğitim ile ilgili atılımları bugün sonuçlandırabiliriz.

Bugün de işe başlamak için iyi bir gündür.

CUMA

Cuma gününü Venüs yönetir.

Yönetici Burç: Boğa ve Terazi.

CUMA GÜNÜ GÜZELLİK İLE İLGİLİ YAPILAN İŞLER, ESTETİK AMELİYATLARI OLUMLU SONUÇLANIR.

İLİŞKİ, GÜZELLİK VE PARAYLA ALAKALI İSTEKLER ÇABUK NETLEŞİR, SONUÇLANIR.

Bitkisi: Fındık, Nane.

Bugün fındıkkabuğu yakmak, tütsü yapmak, nane çayı içmek olumsuzlukları giderir.

CUMARTESİ

Cumartesi gününü Satürn ve Uranüs yönetir. Satürn engellerle eş anlamlıdır. İş başvuruları için zor bir gündür.

Yönetici Burcu: Oğlak ve Kova.

SATÜRÜN DÜZEN, DİSİPLİNİ TEMSİL EDER. URANÜS İSE DEĞİŞİMLERİ. DEĞİŞİM İSTİYORSAK, EVİMİZİ TAŞIMAK İSTİYORSAK BUGÜN YAPMALIYIZ.

MANEVİ OLAYLARLA İLGİLİ ZAMAN AYIRMA GÜNÜDÜR. MANEVİYATIMIZI YÜKSELTECEĞİMİZ ZAMANDIR.

AYNI ZAMANDA GELECEKLE İLGİLİ PLANLARIMIZDAKİ KORKULARIMIZDAN ARINIRIZ.

Bitkisi: Yenibahar, Kuş Üzümü, Kişniş, Karanfil, Kabak.

Bu bitkilerin tütsüsünü yapmak yeniliklerin hayatımıza girmesini kolaylaştırır.

Cumartesi günü, Yapıyla ilgili her şeyin temeli çok sağlam atılır.

Cebinde, çantasında karanfil taşıyan parasız kalmaz. Mor bir kese yapın. Kendi elinizle yapın keseyi ve emek harcayın. İyi dilekler dileyin ve içine karanfil koyun. Bu keseyi çantanızda taşıyın, asla paranız eksik olmayacaktır.

Yine bugün kabak tatlısı yapmak ve ikram etmek bereketi arttırır. Muhakkak size ikram edilen her şeye teşekkür edin, ettirin. Teşekkür etmek, şükretmektir.

Evimizde Verdiğimiz Davetler

Bir komşum vardı, yaptığım her yemeği eleştirirdi. Onlar bize yemeğe geldiklerinde yemeklerim güzel olsun diye çok uğraşırdım. Ama ne yazık ki muhakkak ters giden bir şeyler olurdu ve ya yemeğin altı yanardı ya da yemeğin içine bir şeyi koymayı unuturdum. Oysa başka arkadaşlarıma hazırladığım yemekler oldukça lezzetli olurdu.

Sonradan anladım ki, hayata eleştirel bakan insanlar daha sizin evinize gelmeden o enerjiyi size veriyorlar. Ve o enerji sizi telaşlı yemek yapmaya yöneltiyor. O zaman yapmanız gereken tek şey yavaşlamak.

Bu durumda, "Allah'ım beni yavaşlat," diyorum. Yavaşlayınca her şey kolaylaşıyor.

Bir Kızılderili duası şöyle der: "Allah'ım beni yavaşlat ki yarattığın bütün güzellikleri göreyim."

Yine yavaşlamak ile ilgili, "Allah'ım beni kaplumbağa gibi yavaşlat ki görmem gerekenleri görüp, göz ardı etmeyeyim," Diye bir söz vardır.

Telaş bırakıldığı anda hayat kolaylaşır. "Elim ayağıma dolaştı" ya da "Acele işe şeytan karışır," deyişleri telaşın hayatımızı nasıl zorlaştırdığını anlatmaktadır.

Kazanacak çok şeyimiz var, yeter ki fırsat verelim, zaman tanıyalım. Gününüzün bir dakikasını bile olumlu düşünmeye ayırsanız hiç bir şey kaybetmezsiniz ama çok şey kazanırsınız.

Ellerini, Kollarını Bağlayanlar...

Eğer karşımızdaki kişi ellerini kollarını bağlamış bir şekilde oturuyorsa, bu korunma ihtiyacından dolayıdır. Ben ellerim, kollarım açık dolaşırım çünkü dengemi sağladım ve korunmaya, savunmaya ihtiyacım yok.

Kollarınızı bağlamayın, gelmesi gereken enerji gelsin.

Ellerinizi bacak aranıza hapsettiğiniz zaman "kısmetin kapanır" derker eskiler. Kök çakramız bizi bu dünyaya bağlar ve enerjiyi oradan alırız. Eğer siz ellerinizi, kollarınızı bacak aranıza alır, bir de sıkı sıkıya bağlarsanız enerji akışınızı durdurursunuz.

Ancak bazen çakraların kapanması da iyidir. Kimi zaman çakralar kendini korumak için kapatır. O yüzden insanlar enerji uzmanlarına gidip, çakralarını açtırmak için yardım almak istedikleri zaman korkuyorum. Korkuyorum çünkü bazen çakraların da kapanmaya ihtiyaçları vardır. Bedenin dengesi çok önemlidir. Beden korur bizi. Benliğinizi dinleyin.

Ancak yirmi dört saatiniz kök çakranızı kapatacak alışkanlıkla dolduruyorsanız, bu zararlıdır.

Tam tersi, devamlı yayılıp oturanlar ise çok fazla teslimiyet içindedir ve her şeyin aşırısının zararlı olduğu gibi bu da zararlıdır.

ÇAKRALAR

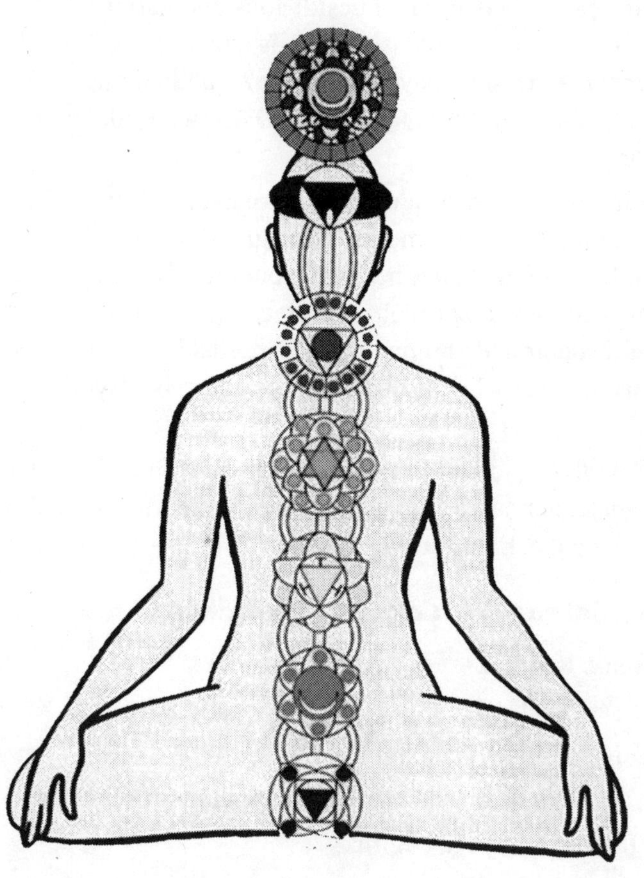

Bedenimizde yedi adet çakra vardır ve bunlar yedi temel enerji merkezli hormonal salgı bezlerinin ve büyük sinir ağlarının üzerinde ya da çok yakınında olup, omurgayla kesişirler. Çakralar bizim enerji merkezlerimizdir. Çakra; Sanskritçe tekerlek anlamına gelir.

Kadim metinlerde "Yedi Mühür" veya "Yedi Kutsal Salgı Bezi" olarak bilinirler.

Her çakra, bedenimizin çeşitli fonksiyonlarını kontrol eden hormonal sistemdeki bir salgı bezi ile bağlantılıdır. Çakralardaki kapanma, ağırlaşma, hayata bakışımız, ruh halimiz, davranışlarımız, sağlığımız ve yeteneklerimiz üzerinde etkiler meydana getirir.

Salgı bezlerinin durumuna bağlı olarak; sıkıntılı, öfkeli, korkulu, kötümser ya da mutlu, huzurlu, güvenli ve iyimser hale gelebiliriz. Salgı bezleri beyine ve buradan da varlığımızın duygusal, zihinsel ve spritüel yönlerine bağlıdır. Bu çakraların fiziksel bedenimizde bulundukları yerlerdeki kısımları, kendileri ile ilişkili olan (duygusal-zihinsel) hallere bağlayan iletkenler gibidir.

Çakraların içerdikleri yetenekleri hayatımızda kullanmak için amaç; her çakradan yayılan enerjinin farkına varmak ve gerektiğinde o çakra üzerinde çalışmaktır

1. Çakra: Kök Çakrası, "Muladhara"

Renk: Kırmızı.

Taşı: Yakut, lal.

Duyu: Dünyevi bağlantımız.

Yer: Anüs ile cinsel organ arası, omurganın başlangıcı.

Olumlu: Dünyaya bağlılık.

Olumsuz: Hırs, rekabet, cimrilik.

İflas, maddi güvensizlik, parayla ilgili konular bu çakrayı kapatır.

Çakrada sorun olduğunda, Kilo alma, korkusuzluk, kabızlık, direnme gibi problemler yaşanır.

Bu çakranın dengeli çalışması bedensel sağlık, güvenlik duygusu ve yaşama sevinci olarak tezahür eder.

2. Çakra: Cinsel Çakra, Sakral Çakra, "Svadhisthana"

Renk: Turuncu.

Taşı: Kaplan gözü, akik.

Duyu: Cinsel organlar.

Yer: Üreme organı ile göbek arası.

Olumlu: Yaratıcılık, ilham, zevk alma, uyum, canlılık.

Olumsuz: Yemek, sekse düşkünlük, kıskançlık, amaçsızlık.

Suçluluk kapatır. Kendini bağışla.

Bu çakrada sorun olduğunda kontrolsüzlük, bağımlılık, çok çalışma, eğlenmeme, duygusal drama, seksüel problemler, kalça ve bel ağrısı gibi sorunlar yaşanır.

Bu çakranın dengeli çalışması duyumsal yoğunluk, cinsel doyum ve değişimi kabul etme becerisi olarak tezahür eder.

3. Çakra: Solar Pleksus, "Manipura"

Renk: Sarı.

Taşı: Topaz, strin.

Element: Ateş.

Duyu: Tad alma.

Yer: Üreme organı ile göbek arası.

Olumlu: Özgüven, karalılık, disiplin, sindirim, metabolizmanın düzgün çalışması.

Olumsuz: Asosyallik, uyumsuzluk, sindirim problemleri, beslenme bozuklukları, kendini küçük görmek, nefret, titizlik gibi sıkıntılar.

Bu çakranın dengeli çalışması, enerji, verimlilik, çabuk karar verebilme ve güç faktörünü baskıcı olmadan kullanabilme yetisi olarak tezahür eder.

4. Çakra: Kalp Çakrası, "Anahata"

Renk: Yeşil, pembe.

Taşı: Malakit, yeşim, zümrüt, pembe kuvars kristali.

Element: Hava.

Duyu: Dokunma.

Yer: Göğüs ile kalp arası.

Olumlu: Aşk, sevgi, şefkat, sorumluluk.

Olumsuz: Kendini bırakma, kızgınlık, korku, endişe, üzüntü, kıskançlık, alınganlık.

Ayrılıklar, üzüntü, keder kapatır. Bırak, keder akıp gitsin. Zaman zaman duygusal çıkmazlarımızdan dolayı tıkanabilir.

Bu çakrada sorun olduğunda yalnızlık, solukluk, kıskançlık, kendini düşünmeme, akciğer sorunları, tansiyon gibi problemler ortaya çıkar.

Sağlıklı çalıştığında, sevgi, şefkat, barış ve güçlü bir adalet anlayışı olarak tezahür eder.

5. Çakra: Boğaz Çakrası, "Vissudha"

Renk:Açık mavi.

Taşı: Aquamarine, kuvars kristali.

Duyu: İşitme.

Yer: Gırtlak ile köprücük kemiği arası.

Olumlu: İletişim, konuşkanlık, yaratıcılık, şifa.

Olumsuz: Telaş, öfke, kin, alınganlık, güvensizlik.

Yalan söylemek bu çakrayı kapatır.

Bu çakrada sorun olduğunda, Boyun ve omuzlarda gerginlik, çeneyi sıkmak, diş gıcırdatmak, zor konuşma, dinleme yeteneksizliği, işitme sorunları, boğaz sorunları, gevezelik gibi sorunlar ortaya çıkar.

İfade ve sanatsal yaratıcılık merkezidir. Bu çakrada evren, bir titreşimler alanı olarak sembolik düzeyde deneyimlenir. İfade edemediklerimiz, burada tıkanıklıklara ve hastalıklara neden olabilir.

6. Çakra: Alın Çakrası, Üçüncü göz, "Ajna"

Renk: Gece mavisi, lacivert

Taşı: Lapis, ameteist.

Duyu: Tüm duyular.

Yer: Alnın ortası, kaşın üstü.

Olumlu: 6. his, önsezi, medyum, geleceği görme.

Olumsuz: Endişe, stres, depresyon, baş ağrısı, kilo sorunları.

Bu çakrayı yanılgılar kapatır. Herkes özünde aynıdır, hepimiz aynıyız.

Bu çakrada sorun olduğunda, Eski konulara takılıp kalma, baş ağrıları, halüsinasyonlar, kâbuslar, zayıf hafıza gibi sorunlar baş gösterir.

Dengeli çalışması, hayatı daha geniş perspektiften görebilme yeteneğini artırır.

7. Çakra: Taç Çakrası, "Sahasrara"

Renk: Mor.

Taşı: Ametist, kuvars kristali.

Yer: Başın üstü

Olumlu: Ruhsallık, kozmik bilincin akışını sağlar.

Olumsuz: Karmaşa, stres, sinirlilik.

Dünyevi bağlantılar bu çakrayı kapanır. Bağları çöz.

Bu çakrada sorun olduğunda, açgözlülük, kronik baş ağrısı,

derin ayrılma, üstünlük duygusu gibi sorunlar yaşanır.

Tepe çakrası olarak da bilinen bu çakra, saf farkındalık olarak bilinen bilinç seviyesine karşılık gelir. Kozmik enerji girişini sağlar.

Çakraların birbirleriyle dengeli çalışması çok önemlidir.

1.Kök Çakrası ile 7. Taç Çakrası

2.Sakral Çakra ile 6. Üçüncü Göz Çakrası

3. Çakra Solar Pleksus ile 5. Boğaz Çakrası arasında uyumu şarttır.

Çakralar arasındaki dengeli çalışmaya örnek verecek olursak, kök çakrayla taç çakrası arasında dengesizlik olduğu durumda; kök çakrası daha fazla çalışıyorsa maneviyattan uzak, tamamen maddi değerler peşinde koşan bir insan karakteriyle karşılaşırız. Taç çakrasının kök çakrasından daha fazla çalıştığı durumda ise maddi dünyadan tamamen elini ayağını çekmiş ruhani kişiler ya da devamlı bir dağın tepesine tırmanan, Afrika'ya hastalıkla mücadele için giden kişi veya keşiş tipi insanlarla karşılaşırız.

FENG SHUI

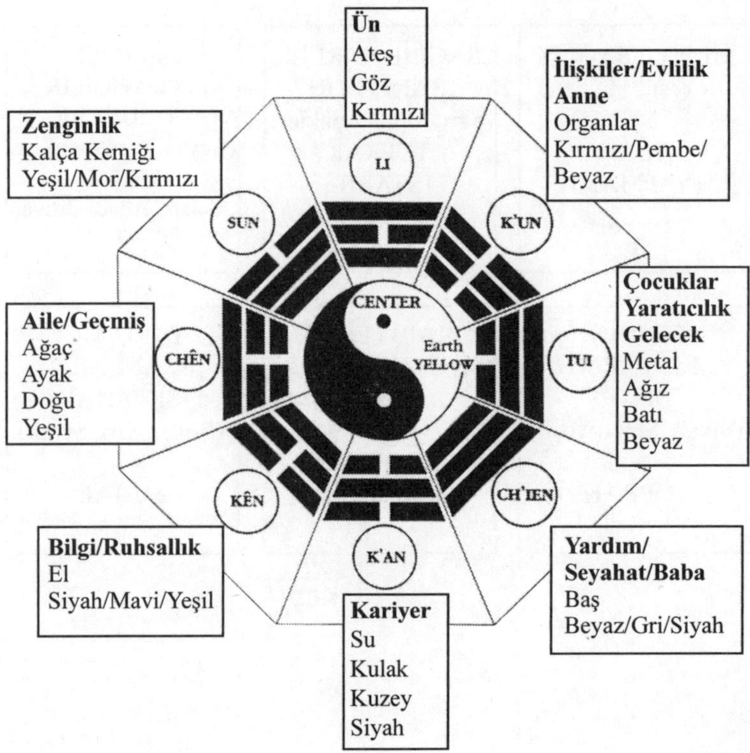

Yaşadığımız evin bir enerjisi vardır. Evinizde mutlu ve huzurlu yaşamak için Feng Shui'nin enerjisinden ve sembollerinden yararlanabilirsiniz.

BOLLUK BEREKET (Mor, Kırmızı, Yeşil, Mavi) AĞAÇ Toprak, Su 4	ŞÖHRET (Kırmızı) ATEŞ Havaya ihtiyaç, (Yaşamak) 9	İLİŞKİLER, AŞK, EVLİLİK (Kırmızı, Pembe, Beyaz) TOPRAK Suya ihtiyaç 2
AİLE VE SAĞLIK (Yeşil, Mavi) AĞAÇ (YAPMAK) 3	SAĞLIK, BİRLİK, BARIŞYERİ (Sarı, toprak renkleri) TOPRAK (STABİL, SAĞLAMAK) 5	GELECEK, YARATICILIK ÇOCUKLAR (Beyaz, pastel renkler) METAL Ahşap / Ağaca ihtiyaç 7
KENDİNİ GELİŞTİRME, BİLGİ (Siyah, Mavi, Yeşil) TOPRAK 8	KARİYER, İŞ (Siyah, Koyu renkler, Mavi) SU (VAROLMAK), Hava toprağa, Giriş 1	YARDIMCI İNSANLAR ve SEYAHAT (Beyaz, Gri, Siyah) METAL 6

Kapı

Feng Shui, yaşamınızı iyileştirmek için mekân düzenlemeyi ve eşyaları yerleştirmeyi kullanma sanatıdır.

Bolluk ve Bereket

1. Yer: Sol, ön kısım.

2. Renkler: Mor, kırmızı, yeşil, mavi.

3. Element: Ağaç.

4. Bolluk bereket köşesi belirgin bir şekilde paraya bağlıdır ama ayrıca mutluluğa ve yaşamın birçok alanındaki berekete de karşılık gelir.

5. Su: Zenginliğin ve bolluğun evrensel simgesidir.

a. Hareketli Su: Ortamınızda akıcı su bulundurmak, paranın güçlü ve dönüşümlü olarak akmasına ve sağlıklı bir birliktelik ve ilişkiler ağına sahip olmanıza yardımcı olur.

b. Durgun Su: Göletlerin, göllerin, yüzme havuzlarının özelliklerini taşır. Depolanmış, birikmiş zenginliği ifade eder. Eğer bu sular temizse zihninizin temiz, sakin bir durumda olduğunu ve temiz bir finansal tablonuz olduğunu sergiler.

6. Evimizin önüne bir fıskiye koymak, evinize para enerjisinin akması ve onun yol göstermesine yardım etmek için harika bir yoldur. Bu çözümü uygularken, hayalinizde zenginliğin evinize aktığını canlandırıp, şükredin. Ayrıca suyun akışının ön kapıya doğru olması, evden uzağa doğru olmaması önemlidir.

7. Kendi fıskiyenizi, seramik bir kap, birkaç çıkıntısız taş ve küçük bir akvaryum suyu pompasıyla, hesaplı bir biçimde yapabilirsiniz.

8. Akvaryum, balık fanusları: Ev ve iş yerleri için önemlidir.

Bir akvaryum için ideal yerler:

- Girişin yanı veya giriş yolu
- Evin kariyer köşesi
- Evin bolluk köşesi

9. Balık Sayısı: 9 ve 9'un katları kadar olmalı. Balıklar da-

ima sağlıklı, balıkların içinde yaşadıkları kapları da temiz olmalı.

10. Akvaryumunuza, 9 tane altın rengi para koyun (9x3=27 olursa daha iyi olur).

11. Bütün bunlar yapılırken tahayyül, dua ve şükür unutulmamalı.

12. Evin girişine veya bolluk köşesine denizden balık dolu ağları çeken bir balıkçı resmini veya fotoğrafını koyun

13. Evin girişine güçlü bir şelale resmi koyun. Böylelikle bereketli paranın, yaşamınıza, sonsuza akan bir su gibi sürekli olarak ve kolayca aktığını hayal edin.

14. Evde, su tesisatında arıza olmamalı.

15. Girişin yanı, bolluk köşesine balık süsü yerleştirin.

16. Bolluk köşesine rüzgâr çanı koyarak enerjiyi harekete geçirin.

17. Bolluk köşesine büyük taşlar, heykeller koyarak para durumunuzu sağlamlaştırın. Ama taşlar keskin kenarlı olmasın. Büyük saksı bitkileri de aynı amaca hizmet eder.

18. Fırınınızı temiz tutun. Fırınınızın arkasına bir ayna koyarak hem yemek yapan kişiyi koruyun hem de yemeğin bereketini artırın.

19. Mutfakta sağlıklı bitkiler bulundurun.

20. Kapınız kırmızı tonlarında olsun. Duvarlarınız ise yeşil, kırmızı, mavi, mor.

21. Zenginlik renkleri giyin.

Kırmızı: Zenginlik, güç, şans ve iyileştirici enerji ile doludur.

Mor: Hükümdarlığı ve kırmızının şanslılığının fazlalığını temsil eden en güçlü zenginlik rengidir.

Mavi: Hükümdarlık, bilgi ve zenginlik rengidir.

22. Mutfakta bereket köşesine, kuru gıda stoku (kırmızı mercimek, pirinç…) ve para koyun.

Şöhret:

1. Yer: Ön, orta kısım.
2. Renkler: Kırmızı.
3. Elementi: Ateş.
4. Bu kısma; ışık, ısı ve parlaklık getirmek yararlıdır. Şömine ve mum için de isabetli bir yerdir.
5. Bu ısı, ışık ve parlaklıkları kullanırken tanınmanızın topluma parlak bir şekilde yayıldığını tahayyül edin, şükredin.
6. Şan, şöhret köşenize, büyük bir ayna yerleştirmek, bu alana daha çok chi çeker ve önceden orada olan enerjiyi büyütür.
7. Bu köşede kırmızı kurdele kullanın. Bu rengi, evinizin, yatak odanızın, büronuzun veya tüm bu iç yerin şöhret bölgesinde kullanabilirsiniz.
8. Flüt, şöhretinize güç, dürüstlük, koruma ve şans ekler.
9. Zil, rüzgâr çanı, müzik seti, hoparlör, telefon gibi ses çıkaran eşyalar için uygun yerdir.
10. Şöhret bölümündeki kapı veya geniş pencere, enerjinin dışarı çıkmasına yol açabilir. Ön kapıdan, arka kapıya doğru düz bir yol uzanıyorsa, gene enerji boşa gider. Bu düz yolu, bir bitki, heykel, çiçek düzenlemesine sahip bir masa gibi şeylerle kesmeli. Rüzgâr çanı, kristal küre veya bir süs gibi açılan dekoratif bir eşya da iyileştirme için yararlıdır.
11. Şan, şöhret köşenizden çeşme, akvaryum gibi su maddelerini kaldırınız.
12. Yaşamınızın nasıl olmasını istediğinize dair bir yol haritası yaratabilirsiniz. Örneğin; Fotoğraflar, kelimelerden oluşan bir kolâj çalışmayı bu bölüme yerleştirebilirsiniz.
13. Bu bölüme; diplomalar, ödüller, takdir belgeleri konulabilir.

Deri, kuş tüyü, yün ve kemik gibi hayvansal malzemeden yapılmış eşyalar bu bölüm için uygundur.

Hayvanların, insanların, ateşin, güneş ışığının ve sevilen ünlülerin posterleri, fotoğraflar...

14. Kırmızı tonda eşyalar.

15. Üçgen, konik şekilli eşyalar.

16. Aydınlatma ve yuvarlak masa kombinasyonları.

17. Şan, şöhret ile ilgili söz, onaylama ve deyişler.

18. Olumlamalar:

Örnek: "İçinde yaşadığım toplumun üyelerinin, başarım için verdikleri desteğin ve duydukları coşkunun tadını çıkarıyorum."

19. Pencereye kristal top asın.

İlişkiler, Aşk, Evlilik

1. Yer: Ön, sağ kısım.
2. Renkler: Kırmızı, pembe, beyaz.
3. Element: Toprak.
4. Açık iletişim ve doğru sözlülük bu yaşam alanındaki başarı için önemlidir.
5.
    - Yatağınız,
    - Tüm yatak odanız,
    - Yatak odanızın evlilik köşesi,
    - Evinizin evlilik köşesi.
6. Yatak odası, ideal olarak evinizin bolluk ya da evlilik köşesinde yer almalıdır.
7. Ön kapıdan mümkün olduğunca uzakta bir yatak odası konumu seçin.
8. Kristal küre ve uygun sesli bir rüzgâr çanını, doğrudan

yatak odasının kapısının dışına kırmızı bir kurdeleyle asın: Enerjiyi aktive etmek için.

9. Yatağınızdan kapıyı görebilmelisiniz ama yatağınız kapının tam karşısında olmamalıdır.

10. Yatak başını duvara yaslayın.

11. Yatağınızı yenileyin ya da yeni çarşaflar alarak enerjinizi tazeleyin. Pembe çarşaf kullanmanızı öneririm.

12. Yatağınızın üzerine bir çan, metal bir zil yerleştirin; aşk hayatınıza yenilenmiş bir enerji getirir.

13. Şilte ve yatağın yay kasaları arasına kırmızı, büyük boy çarşaf yerleştirin. Altı kasalı, 2 ayrı bölümden oluşan yatakları birleştiren bir durum yaratmış olursunuz.

14. Yuvarlak şekiller birliği ve ahengi temsil eder, yatak odanızın evlilik köşesine yuvarlak ayna asın.

15. Yatağınızın her iki tarafına, birbiriyle aynı komedin ve abajuru koyun.

16. Taze çiçekler, taze enerji getirir.

17. Ana ışık, odayı tek başına aydınlatmaya yetmelidir. Bu olumlu, parlak geleceği simgeler.

18. Evinizin ya da yatak odanızın, evlilik köşesinde dış kapı veya pencere varsa buralara kristal küre asarak denge yaratın.

19. Yatak odanızın evlilik köşesine beyaz veya kırmızı bir çiçek koyarak, aşk hayatınızı canlandırın

20. Yatak odası: Mavi, yeşil, pembe renkleri kullanın, koyu renkler tercih etmeyin.

21. Yeni bir ilişki için: 9 gün ardı ardına pembe giyin, mutlu ve kalıcı bir ilişkiyi isteyin, tahayyül edin ve şükredin.

22. Aşk köşesine âşık çiftler, kumrular, yunuslar, kalpler, aşk sembolü olan çiftlerin resim ya da fotoğraflarını, biblolarını koyun. Çift olacak! Tek olmayacak!

23. Evlilik ve Aşk ile ilgili onaylamalar:

"Eşim (sevgilim) ve benim zihnimizde, kalbimizde ve ruhumuzda şimdi ve her zaman mutlu bir beraberliğimiz var."

24. Mutfakta, ilişkiler köşesinde kesici alet olmasın.

25. Mutfakta, ilişkiler köşesinde su varsa, üzerine kırmızı örtü koyun

Aile ve Sağlık

1. Yer: Sol, orta kısım.
2. Renkler: Yeşil, mavi.
3. Element: Ağaç.
4. Aile enerjisi değişken veya karmaşıksa, "uğurlu elinizi" asarken, ev halkının bu güzel enerjiyle sakinleştiğini, birlik beraberlik içinde huzurlu bir yaşama geçtiğini gözlerinizde canlandırın, dua edin, şükredin.
5. Yeşil bitkilerle o köşeyi kuvvetlendirin.
6. Ailenin birlikte vakit geçirdiği çalışma odası, oturma ve yemek odalarının düzenine özen gösterin. Yeşil ve mavi renkler kullanın.
7. Eve girerken ilk gördüğünüz şey ne ise, o ilk izlenim olacaktır. İlk gördüğünüz şeyin ev halkına huzur ve güven verdiğinden emin olun. Örnek: Güzel bitkiler, sanat eserleri, güzel eşyalar...
8. Bu köşedeki ışık miktarını arttırın, sağlık için kristal koyun.
9. Aile köşeniz dağınıksa ailede anlaşmazlık, ayrılıklar yaşanabilir, düzenli olun.
10. Bu köşede, sağlıklı ve mutlu olduğunuz aile resimleri, arkadaş resimleri, ideal ölçüdeki ve sağlıktaki insan resimleri, sağlıklı çiçek ile bitki ve manzara resimleri enerji yükseltir.
11. Ahşap mobilya ya da ahşaptan dekoratif eşyalar konabilir.

12. Sportif yarışlardan kazanılmış ödüller...

13. "Sağlığım her açıdan mükemmel, şükrederim. Ailemle aramdaki harika ilişkinin tadını çıkarıyorum. Arkadaşlarımla aramdaki uyumlu ilişkinin tadını çıkarıyorum," gibi olumlamalar koyun.

Sağlık, Birlik, Barış Yeri

1. Yer: Evinizin, büronuzun, yatak odanızın merkezi.

2. Renkler: Sarı, toprak renkleri (turuncu, kahverengi, hâkî).

3. Elementi: Toprak.

4. Mekânlarınızı temiz ve düzenli tutun.

5. Topraktan yapılan objeler (çanak, heykel, geniş kaptaki bitkiler...) yerleştirerek ya da SARI, TURUNCU, KAHVERENGİ, HÂKÎ gibi bir toprak rengi kullanılarak toprağın enerjisi sağlık bölümüne taşınabilir.

6. Kullanılan bitkiler canlı ya da kumaştan yapılan bitkiler olabilir.

7. Yatak odanızın merkez tavanına asılmış bir rüzgâr çanı, bedeninizin fiziksel ve duygusal sağlığını arttırır. Çanı kırmızı bir kurdele ile tavana asın, arada çana dokunarak ses çıkarmasını sağlayın.

8. Evinizin merkez yanına, sizi iyileştirici ve güzel gözüken bir resim, bir heykel yerleştirin.

9. Eğer yatak odanızın tavanı eğikse, kirişler varsa, kristal küre veya zil asarak baskılı enerjiden kurtulun.

10. Yemek masasının üzerinden geçen kirişler, sağlık, kariyer ve evlilik ilişkileri üzerinde olumsuz etki yapabilirler. Böyle yerlere kristal küre, zil gibi önlemler alınabilir.

11. Yatağınızın yaşam gücünü kırmızı renkle çoğaltın. Kırmızı renk, Feng Shui'de herhangi bir durumda iyileştirici ve dü-

zeltici enerjiyi arttırmak için kullanılır. Yatağınızın şiltesiyle yay takımları arasına parlak kırmızı bir örtü koyabilirsiniz.

12. Yeşil ve sarı giymek, sağlığı arttırır.

Sarı: Doğrudan sağlığı düzeltmeyi simgeler.

Yeşil: Yeni bir yaşam ve gelişmeyi simgeler

13. Banyo kapılarını kapalı tutun, dış taraflarına ayna koyun: Enerji kaçaklarını önler.

14. Evdeki tüm giderleri kullanılmadıklarında KAPALI tutun.

15. Evdeki merdivenlerin altına ve başına saksılı, canlı yeşil bitki koyun.

16. Sağlık ve denge için evde 5 elementin temsil edildiğine emin olun.

Örnek:

Şömine = Ateş

Ahşap mobilya = Ağaç

Çanak = Toprak

Nehir resmi = Su

Metal masa = Metal

17. Evinizde 5 elementi simgeleyen renkler kullanın ve bu renkleri giyin. Böylelikle tüm iç organlarınızın ahenkle, denge içinde, sağlıklı bir şekilde çalıştığını düşünün, hissedin, dua edin, şükredin.

Ağaç = Yeşil-mavi, mavi-yeşil

Ateş = Kırmızı

Toprak = Sarı, turuncu, kahverengi

Metal = Beyaz

Su = Siyah, koyu mavi

18. Yatak odasında elektrikli alet bulundurmayın ya da bu aletleri yatağınızın en az 1 ile 1.5 metre uzağına yerleştirin. Elektrik yerine pilli aletleri tercih edin.

19. Evinizi sık sık havalandırın. Hava filtreleri kullanın.

20. Su filtresi kullanın.

21. Kare ve dikdörtgen şekliyle simgelenir.

Gelecek, Yaratıcılık ve Çocuklar

1. Yer: Sağ, orta taraf.

2. Renkler: Beyaz, pastel renkler.

3. Element: Metal.

4. Çocuklarınızın yataklarını, çocuklar bölümüne yerleştirerek, onların enerjisini güçlendirin. Bu konum, onları büyümeleri ve olgunlaşmaları için en isabetli ve esas konuma getirir. Yatak, oda kapısından uzakta olmalı yoksa çocuk kendini güvende hissedemez.

5. Bu köşeye, telefon, radyo, müzik seti ve hoparlör koyarak enerjisini arttırabilirsiniz.

6. Çocuk sahibi olmak istiyorsanız ya da çocuklarınızla sorununuz varsa yuvanızın bu bölümündeki enerjiyi harekete geçirmeniz gerekir.

7. Çocuklarınızın resimleri ya da eserlerinizi sergilemek için uygun yerdir.

8. Bu bölüme yerleştirilen bir masa, yaratıcı çalışmalarınız için uygun bir ortam oluşturur. Masanın üzerine koyacağınız bir müzik seti ise bu enerjisi artıracaktır.

9. Olumlama: "Yaratıcılığımı kolayca ve coşkuyla ifade edebiliyorum."...

Kendini Geliştirme, Bilgi

1. Yer: Sol, ön taraf.

2. Renkler: Siyah, mavi, yeşil.

3. Element: Toprak.

4. Bu bölüm, yaşamın içsel alanlarına odaklanır. Bilgeliğinizi ve zekânızı yükseltmek, kişisel gelişiminizi düzenlemek bu bölgeyle ilgilidir.

5. Evinizin, yatak odanızın, büronuzun sol ön taraflarınıza önem verin.

6. Bu köşeyi, parlak bir ışıkla aydınlatarak aklınız ve farkındalığınız üzerinde olumlu etki yaratabilirsiniz.

7. Bu köşeye, rüzgâr çanı asarak kullanılmamış zihinsel potansiyelinizi uyandırabilirsiniz.

8. Yeni bilgi çekmek ve var olan bilgiyi geliştirmek için bu köşeye bir ayna yerleştirebilirsiniz.

9. Mavi çiçekli bitki koyun.

10. Bilgi köşenize bir vantilatör veya pille çalışan hareketli bir süs eşyası koyarak, zihninizin netleştiğini, zihin karışıklığınızın temizlendiğini düşünün.

11. Sürekli olarak okunan kitaplar, CD'ler...

12. Dağlara ya da sessiz yerlere ait posterler, resimler, meditasyon yapan, düşünen ya da dinlenen eğitmen ve bilge kişilerin portreleri.

13. Olumlama:

"Öğrenme kabiliyetime güveniyorum."

"Şartlar ne olursa olsun, ne yapacağımı ve ne söyleyeceğimi hep bilirim."

"Yeni öğreti ve bilgileri kolaylıkla ve zevkle özümseyebiliyorum."

Kariyer, İş

1. Yer: Ön, orta kısım.
2. Renkler: Siyah, koyu renkler, mavi.
3. Element: Su.

4. İşinizin enerjisinin canlı ve başarı yaratmada destekleyici olmasını istiyorsanız, ofisinizin giriş bölümü çekici ve davet edici olmalıdır.

5. İş yeri Feng Shui yerleşimi:

Bolluk	Görünüm, güven ölçüsü, pazarlama	Meslek Ortaklığı
İşçiler, Alıcılar	Sağlık	İşçiler, İletişim
Bilgi, Veriler	Kariyer	İşçiler, Alıcılar, Satıcılar

6. Örgütlenmenin tüm iş yeri üyelerinde, huzur ve beraberlik içinde olması için aile bölümüne sağlıklı, yeşil bitkiler koyun.

7. Bolluk bölümüne uğurlu el, ayrıca rüzgâr çanı gibi para arttırıcılar asın.

8. İş yerinizde daha çok insanın size yardım etmesini sağ-

lamak için yardımcı insanlar bölümü veya girişin yanına rüzgâr çanı veya süs (uğurlu el) asın.

9. Sistemli, örgütlü olmayı ve öyle kalmayı sağlamak için, iletişimin güzel ve etkili olabilmesi için, çocuklar ve gelecek bölümüne metal, beyaz olan bir şey veya süs yerleştirin.

10. Binanın merkezine, sağlık bölümüne, taze yeşil bitkiler koyun. Bu tüm işin bölümlerini anında güçlendirir ve sağlığı arttırmaya yardım eder.

11. Daha iyi düşünme ve bilginin bir araya gelmesi için bilgi bölümüne paralı bir ışık veya bir süs yerleştirin.

12. Şirketinizin ününü yaymak için şöhret bölümüne kırmızı çiçekler veya sanat eserleri gibi parlak ve kırmızı olan bir şey yerleştirin.

13. Binanızın ön giriş yoluna, kariyer bölümüne bir akvaryum veya fıskiye ya da her ikisini de yerleştirin.

14. Temel iş ortaklığınızı güçlendirmek, netleştirmek ve ahenk sağlamak için evlilik bölümüne bir bambu flüt veya uğurlu el asın.

15. Patronun konumu, düzeni iş başarısında önemlidir. Eğer konum güçlüyse, patron, bilgelikle, otoriteyle ve dengeyle hareket etme eğilimi gösterir. Sonuç olarak, şirketin zenginleşmeye fırsatı vardır. Eğer patronun bürosunun Feng Shui'si zayıfsa, patron zayıflar ve şirketin olanakları kötüleşebilir.

16. Patronun işi, şirketi işletmektir. Bürosunun da binanın en güçlü bölümünde yer alması gerekir. En iyi konum ön kapıdan en uzakta olan bürodur.

17. Büro ya zenginlik ya da evlilik (ortaklık) bölümünde olmalıdır. Şirketteki en geniş ve itibarlı büro olmalıdır.

18. Banyodan veya arka kapıdan uzakta olmalıdır.

19. Sırtınızı duvara vererek ve kapıyı görecek şekilde oturun.

20. Ön kısmı yere kadar kapalı bir masa kullanın.

21. Oturma yerinizin üzerine, kariyer bölümüne kristal asarak, kariyerinizin enerjisini yükseltin.

22. Çalışanlar arasında uyumlu bir işbirliği ve ilişki için şirket girişine 3 yeşil bitki, çocuklar veya yardımcı insanlar odalarına sekizgen ayna koyun.

23. Sağlam bir arkası olan, arka kısmıyla oturma kısmı arasında boşluk olmayan bir sandalye tercih edin. Arka yükseklik omuz hizası veya daha yüksek olmalı.

24. Yazar kasanın yanındaki veya arkasındaki bir ayna, ikiye katlanmış satışları simgeler.

25. Siyah, denizci mavisi, koyu kestane, koyu kahverengi, kömür grisi renklerini tercih edin.

26. Olumlamalar:

"Kariyerim başarılı, ilham verici ve kârlı işlerle doludur."

"Hayatımın işini yaparak büyüyor ve gelişiyorum."

"Birçok olumlu fırsat ve durumla karşılaşmaktayım."

27. Faks, bilgisayar gibi işinizle ilgili şeyler için uygun bir bölümdür.

Yardımcı İnsanlar ve Seyahat

1. Yer: Sağ, ön taraf.

2. Renkler: Beyaz, gri, siyah.

3. Element: Metal.

4. Bu bölüm arkadaşları, hayırseverleri, yardımseverleri ve size yardımı dokunan insanları kapsar.

5. Size yardım edip yükseltebilecek insanların fotoğraflarını koyun veya size yardım edebilecek 5 kişinin yüzünü hayal edin. Size yardım ettiklerini ve sorunun halloldüğunu düşünerek şükredin. 9 gün bu çalışmayı yaparak yardımı yaşamınıza çekin.

6. Evinizin, iş yerinizin veya büronuzun, yardımcı insanlar bölümüne; ayna, uğurlu el, fıskiye gibi enerjiyi aktive edici objeler koyun.

7. Ruhsal rehberlerin, aziz ve meleklerin resim, figürlerini asın.

8. Gezdiğiniz ya da gitmek istediğiniz özel yerleri ifade eden resimler, heykelcikler koyun.

9. Ruhsal ya da dinsel inanışlarınızla kişisel olarak güçlü bir ilgisi olan nesneler kullanın.

10. Öğretmen, danışman, yardımcı, müşteri ve işçi gibi yardımcı insanların resimlerini koyun.

11. Dünyada sizin için özel olan yerleri anımsatan nesneler kullanın.

12. Olumlamalar:

"Hayatıma sürekli olarak yardımsever, cömert, sevgi dolu insanları sokarım."

"Hayatımdaki tüm insanlar beni destekleyip, seviyorlar."

"Gidip görmek istediğim yerlere ne zaman istesem gidebilirim."

"Doğru zamanda doğru yerdeyim ve doğru zamanda doğru zamanda doğru kişiyle karşılaştım."

ANTİKA EŞYALAR

Günümüz dekorasyonunda antika eşyalar popülerdir. Antikalar, çok eski enerjilere sahiptirler. Bazılarında iyi, bazılarında da kötü enerji vardır. Bu eşyaları 'limon yağı' ile temizlemek negatif enerjileri yok eder.

Limon Spreyi: Ev için en iyi kokudur.

Limon yağı: Mobilya için uygun bir koku ve temizleyicidir.

UĞURLU ELLER

İslam kültüründe bir nazarlık eli olan "Fatma Ana Eli" veya "Hamsa Eli", Musevi kültüründe bir tılsım olan "Hameş" veya "Miriam'ın Eli" olarak bilinir.

Tarihte bilinen en eski kullanımı, M.Ö. 814 yılında, Tunus Yarımadası'nda kurulmuş bir Fenike kolonisi olan Kartacalılar'a aittir.

Hamsa, Mısır'da, şeytana karşı kullanılan en popüler nazarlıktır. Hamsa gücü, kuvveti, duayı simgeler. Kötü şanstan korunmak için takı ve duvar süsü olarak kullanılır.

Hamsa aşağı veya yukarı işaret edecek şekilde kullanılabilinir.

Yahudiler için İbranice bir kelime olan 'hameş' yani 5 rakamı, Tevrat'ın beş kitabını simgeler. Ayrıca İbranice'deki beşinci harf olan ve Allah'ın kutsal adlarından birini belirten 'heh'i simgelemektedir. Çoğu Yahudi, Hamsa'nın beş parmağının kendilerine, Allah'a şükretmek için kullandıkları beş duyularını hatırlattığını belirtir.

Ellerin üzerlerindeki göz, şeytanın gözünden korunmak için, balıkta iyi şans ve bereket için kullanılır.

Berberiler'in (bugünkü Mısır, Libya, Tunus, Cezayir ve Fas'ı içine alan Kuzey Afrika'nın en eski halkıdır) geleneklerinde gözün, elin ve beş rakamının tasviri, şeytan gözünden korunmak için kullanılır ve şu söylem ile de örneklendirilir:

"Khamsa fi ainet": Gözündeki beş (parmak)

Mütevazı yaşamıyla müslümanlara örnek olan, Hz.

Muhammed'in, "Vücudumun bir parçası, gözümün nuru; kalbim, ruhum ve vicdanım," dediği, soyunu devam ettiren kızı Hz. Fatma, İslam dünyasında ayrı bir değere ve konuma sahip olup, Anadolu'dan Hindistan'a kadar "Fatma'nın Eli"nin kötülüklerden koruduğuna inanılır.

Fatma'nın Eli'nin yüzyıllardır insanlara şans, bolluk getirdiğine ve onlara sabır ve sadakat erdemleri verdiğine inanılan bir tılsım haline gelmiştir.

Bu nesne genellikle "Fatma'nın Eli" olarak bilinirse de Araplar arasında "Hamse Eli" diye anılır. Hindular "Humsa Eli", Museviler ise "Hameş Eli" veya "Miryam Eli" adını vermişlerdir.

Parlak gümüş veya altın mücevherler üzerine kazınan veya kırmızı boyayla çizilen, bazen de evi koruması için duvara çizilen "Fatma'nın Eli", İslam dünyasında en sevilen muskalardan olmuştur.

İlaçla geçmeyen ya da ilaca gerek olmayan hastalıkların, "Fatma'nın Eli"yle dokunulduğunda ve dua okunduğunda iyileşeceğine inanılır.

Müslümanlığı yaymak için mücadelesinde babasının en büyük destekçisi olması, Hz. Fatma'ya "babasının annesi" lakabını kazandırdı. İslam kaynakları, o günün şartlarında son derece ataerkil bir toplumdan Arabistan'da peygamber soyunun bir kadından devam etmesini önemsiyor.

Hz. Fatma, Arap Yarımadası'ndaki tüm kadınların sahip oldukları bilgi ve ilimden haberdardı ve hepsini kavramıştı. Kur'an ayetlerine vakıftı. Hz. Fatma'nın dış görünüşü, konuşması, hal ve tavırlarıyla Hz. Muhammed'e en çok benzeyen kişi olduğunu, Hz. Ayşe belirtmişti.

Baba ile kızı arasındaki çok yakın ilişki, Hz. Muhammed'in bir sefere çıkarken en son, gelirken de ilk önce kızını ziyaret etmesi, kızını gördüğünde ayağa kalkarak yerini ona vermesi gibi örneklerden de anlaşılıyor.

Hz. Muhammed, kızı Hz. Fatma için, "O benim kalbim, ruhum ve vicdanımdır. Her kim onu üzerse beni, her kim beni üzerse Allah'ı üzmüştür," demiştir.

Uğurlu eli üzerinizde, evinizde, iş yerinizde bulundurmanız inancınıza bağlı olarak sizi koruyacak ve şans getirecektir.

UĞURLU TAŞLAR

Taşlar, doğadaki mucizevî akışın en güzel örnekleridir. Çok eski çağlardan beri insanlar bu mucizeyi keşfedip, taşları korumuşlar ve onlara sahip olmak istemişlerdir.

Taşların en güzel özelliği hiçbir yan tesirleri olmayıp, şifalarının yanı sıra sahip olan kişiye mutluluk ve koruma gücü vermeleridir. Ayna enerjiyi çoğaltır, böylelikle aynanın üzerine konulan bu değerli taşların enerjisi de çoğalır.

Aragonit

Mucizevî bir sağlık taşıdır. Özellikle kemik, kas, sinir hastalıklarına iyi gelir, mide spazmlarını geçirir, kırılan kemiklerin hızlı iyileşmesini sağlar, saçların uzamasına yardımcı olur, saç kaybında tedavi edicidir. Ateşi düşürür, iltihabı azaltır, sakinlik ve enerji verir, yorgunluğu giderir.

Akik

Tarih boyunca yüzük taşı, mühür, düğme, süs eşyası yapımında kullanılmıştır. Akik bedene sıcaklık verir, ağrılara iyi gelir, cinsel gücü arttırır, hamilelerin kullanması bebek ve anne için faydalıdır. Olumlu düşünmeyi sağlar, nazardan korur. İşadamlarına işleri açılsın diye bel altında akik taşımaları önerilir. Yüzük akik güveni arttırır. Akik taşıyan kişi kendini güçlü, keyifli, iyimser hisseder. Akik taşıyan çocuk olumsuz duygu ve münakaşadan uzak durur. "Süleyman Taşı" olarak da bilinir. Çocuksuz aileleri çocuk sahibi yapar, uzun ömür verir. Tansiyonu dengeler, uykusuzluğa iyi gelir.

Akuamarin

Denizcilerin uğurlu taşıdır. Eskiden kaptan olmayı hak eden denizciye akuamarin hediye edilirdi. Cesaret taşıdır. Akuamarin taşıyan ölüm korkusu taşımaz. Düşünceyi berraklaştırır, yaratıcı güç ve ilhamı artırır, sezgileri kuvvetlendirir. Bereket ve uğur taşıdır. Emeklerinizin boşa gittiğini hissettiğiniz anda akuamarin sizi yüreklendirir. Nazara karşı korur. Böbrek, karaciğer, dalak, tiroit bezlerini kuvvetlendirir, vücudu temizler.

Ametist

Mor renklidir, mücevher taşıdır. Ametisten yapılmış kâse ve kupadan şarap içmenin kişiyi sarhoş olmaktan koruduğuna inanılır. Leonardo Da Vinci ametistin şeytani ve günahkâr düşünceleri dağıttığını, zekâyı canlandırdığını yazmıştır. Eski zamanlarda ametist dindarlığın ve bekâretin sembolü olarak görülürdü. Din adamları bu nedenle ametist yüzük takarlardı. Tibet'te ametist taşı kutsaldır. Aşk ve şifa taşıdır, nazara karşı kullanılır. Olumsuz enerjiyi olumluya dönüştürür. Şifa bakımından en güçlü taştır; cilt, göz, alerji, migren, kalp rahatsızlıklarına iyi gelir. Uykusuzluğa iyi gelir. Yastığınızın altına koyarsanız güzel rüyalar görürsünüz. Pembe kuvarsla birlikte kullanınca zihni güçlendirir, kalbi korur.

Aytaşı

Hindistan'da kutsal sayılır ve uğur taşı olarak kullanılır. Aytaşı sevgilileri daha tutkulu kılar. Düğünlerde aytaşı vermek, hediye etmek çok iyidir. Toprak Ana Taşı olarak ta bilinir; kısırlığa, doğum sancılarına iyi gelir. Aytaşı ile yolculuğa çıkmak yolcuyu korur, yolcuların yolunu açar. Aytaşı karabasanları kovar. Aytaşı doğurganlığı arttırır, doğum yapan bayanların tenine değerse o kadının sütü artar. Eskiden gelinlerin iç çamaşırlarına çabuk çocukları olsun diye Aytaşı dikilirmiş. Meditasyon taşıdır, durugörü ve sezgileri geliştirir. Dolunayda dışarıda bırakılırsa şarj olur. Oburluğa iyi gelir, nazara karşı koruyucudur. Aytaşı aşırı tepkilerinizi dengeler, egoya karşı iyi gelir. Aytaşı rüyaları daha net hatırlanmasını sağlar, sezgileri ve iletişimi kuvvetlendirir.

Kalsedon

Nazara karşı kullanılır, ruh ve beden arasında dengeyi sağlar. İnsanlar arası kardeşliği teşvik eder, iyimserliği sembolize eder; düşmanlığı, melankoliyi, huzursuzluğu yatıştırır. Bunamayı tedavi eder, kekemeliğe iyi gelir. Düşünce ve konuşma yeteneğini arttırır.

Kaplan Gözü

Bağışıklık taşıdır. İnatçılığı azaltır, cesareti arttırır, sonuca gitmenizi sağlar. Pürüzsüz yüzeyini okşayınca dertler, endişeler hafifler. İlişkide bulunduğunuz kişiyle telepatik bağ kurmanızı sağlar, kontrasyonu arttırır. Bolluk bereket taşıdır; parayı çeker, paranın kalmasını sağlar. Ticaret taşıdır.

Kehribar

Paranın taşıdır; kasaların, cüzdanların içine, paranın bollaşması için, kehribar konulması önerilir. Elektrik yükünü alır, depresyona karşı faydalıdır. Ağrıyan yerlere konulduğunda ağrıları hafifletir. Yaydığı sıcaklık enfeksiyonu engeller, soğuk algınlığı giderilsin istenirse boyun çevresine takılması önerilir. Boğaz, tiroit, astım, guatr, bronşit alerji tedavisinde en iyi taştır. Neşeli olmanızı sağlar, takıntılara iyi gelir.

Kristal Kuvars

Cep telefonu, telsiz, bilgisayardan yayılan radyasyonu toplar. Zihinsel konsantrasyonu, beyin fonksiyonunu uyarır. Kişinin çevresinde oluşan olumsuz enerjiyi yok eder ve olumlu enerjiyi toplar. Tene temas ederse kişiyi olumsuz enerjilerden korur. Kişinin net düşünmesini sağlar, kişinin hedefine erişmesine yardımcı olur. Erkek kuvars berraktır, dişi kuvars bulutlu ve donuktur. Migren ağrısı çekene dişi kuvars tavsiye edilir. Kristal kuvarsı sağ elinizde tutup sivri ucunu gerilim bölgesine yönelterek ağrınızı dindirebilirsiniz. Şifacılar için çok etkili bir taştır. Vizyon görme, geçmiş hayat görme, sezgi geliştirme için kullanılır. Koruyucu özellik içerir. Çok büyük boyutlu kuvarsı yatak odasında tutmayın, ayın etkisinden uyutmaz. Sevgi, şevkat duygularını arttırır.

Lal

Hayal ve merhamet taşıdır. Rahmin üzerine koyularak üreme gücü arttırma amacıyla kullanılır. Adet sancılarına, menopoza faydalıdır. Cinsel enerjiyi, duyarlılığı arttırır. İşlerinizin akmasını sağlar, hafızayı kuvvetlendirir. Yastık altına konursa karabasanlardan korur. Kristal kuvarsla birlikte gücü artar. Yaşlılıkla gelen hastalıklara iyi gelir.

Lapis

Antik Mısır'da tılsım taşı olarak bilinirdi. Lapis kötülükten koruyan taştır. Ruhu günah, kıskançlık, korkudan arındırır. Lapis tıpta kullanılır. Öğütülen süt ile karıştırılıp deri üstü apselere pansuman yapılır, ülsere karşı tedavi amaçlı kullanılır. Arkadaş edinmeyi, sevilip sayılmayı sağlar.

Mercan

Romalılar, mercanın çocukları kem gözden koruduğuna inanırdı. Öğütülmüş mercan, yılan ve akrep sokmasına karşı ilaç olarak kullanılır. Sedef hastalığına iyi gelir, solunum açıcı özelliği vardır, kalbi ve dalağı kuvvetlendirir. Kişinin ruhsal anlayışını güçlendirir, aile ve arkadaşlar arası saygınlığı arttırır. Nazara iyi gelir, konsantrasyonu arttırır.

Sitrin

Kendine güveni güçlendirir, insanın kendine zarar verici eğilimlerini yok eder. Sitrin masaj yağlarını daha etkinleştirir, taş yağa enerji verir, dolaşım hızlanır. Tüccar taşıdır, kasaya konursa parasal güç artar. Antik devirde Sitrin, kötü düşüncelere ve yılan zehrine karşı bir koruyucu olarak takılır ve taşınırdır.

Yunanlılar "limon taşı" da derler. Mide, bağırsak ve dalak için etkilidir. Sindirimi olumlu etkiler. Yaşama sevinci, canlılık, kararlılık, denge sağlar, güven arttırır.

Turkuaz

Sakinlik verir, yaratıcılığı arttırır. Duygusal denge, iletişim, sadakat, dostluğu sembolize eder. Kemik erimesine engel olur. Mavi renktedir. Bedeni kuvvetlendirir, hücreleri yeniler.

Yeşim

Yeşil renktedir. Asya kültüründe Yeşim Taşı'nın kullananlara iyi şans getirdiğine inanırlar. Böbrek hastalığına, diş çürüklerine, diş ağrılarına iyi gelir. İçiniz korku ve endişeyle dolunca huzur ve güven verir. İnsan kendini zayıf ve güçsüz hissedince kalbinin üstüne koyarsa rahatlar. Yeşim taşıyan kişi, cesur ve adil olur. Kibir duygusunu yok eder, konuşmacı ve öğretmenlere tavsiye edilir. Sihir ve büyüden korur, güzel rüya görülmesini sağlar.

İnci

Aynı diş, kemikler gibi kalsiyum içerir ve kemik gelişimine, kemik ağrılarına, kronik baş ağrılarına çok iyi gelir.

Kantaşı

Anlayışı, hafızayı kuvvetlendirir zihni netleştirir. Zihinsel engelleri kaldırır, insanı cesur yapar.

Oniks

Kadın ve erkek ilişkisini dengeler, evliler arası uyumu oluşturur, bağımlılık varsa bağımlılıktan kurtulmayı sağlar. Meditasyon taşıdır, içsel yolculuk oniksle daha kolay yapılır.

Pembe Kuvars

Aşk taşıdır. Özgüveni arttırır, duyarlılıkları dengeler. Ametistle beraber kullanılırsa etkisi artar.

Sedef

Bereket, güç ve cesaret taşıdır. Toprak enerjisini vücuda çeker ve dinçlik verir. Bedensel toksinlerden arındırır, hormonları dengeler. Dalak, mide, bağırsak, karaciğer, böbrek, mesaneye iyi gelir.

Sodalit

Mide bulantısına iyi gelir, yolculuklarda sodalit taşınması tavsiye edilir. Depresyon etkilerini yok eder, konsantrasyon arttırır, boğaz ağrısına iyi gelir.

Safir

Aşkta sadakati sağlar, aldatmayı engeller, sinirleri sakinleştirir, konsantrasyonu arttırır, yanlış davranışları engeller.

Yakut

Olumsuz enerjiyi vücuttan atar, nazara iyi gelir. Kalbi aşka, evrensel enerjiye açar. Eşler arası uyumu sağlar kavgayı önler, özgüven arttırır, yüksek ateşi düşürür, düşük tansiyonu dengeler.

Zümrüt

Bolluk, sevgi, iyilik, sakinlik, denge, sabır unsurları içerir. Koşulsuz aşk taşıdır. Sevgiliye verilecek en güzel taştır. Sinir, kalp, ciğer, böbreği kuvvetlendirir. Duyguları dengeler.

Elmas

En sert ve kıymetli taş olan Elmas için "rüyaların taşı" da denilmektedir. Beyin fonksiyonlarını ve kişilik üzerindeki blokajı ortadan kaldırıcı özelliklere sahiptir ve aynı zamanda tedavi edici niteliktedir. Bedeni temizleyerek olumsuz kuvvetleri yok etmesinin yanı sıra zihin, ruh, beden üçlüsünü güçlendirici etkisi de bulunur. Bolluk, saflık, masumluk ve sadakat simgesidir.

RENKLER

Renklerin dünyası, büyüsü ve enerjisi olduğunu hepimiz biliriz. Üzerimize giydiğimiz bir kıyafet, o gün bizi harika hissettirmiştir, aynı beden, aynı ortam ama çok farklı hisler…Basit bir tshirt bile renginden dolayı enerjimizi yükseltebilir, kendimizi güzel hissettirebilir.

Renkler ve enerjileri denenmiş ve yaşanmıştır.

Mor renk para için en güçlü semboldür, bulunduğunuz mekanın kendinize göre sol tarafına mor renkli bir kadife kumaş, tül veya mor bir çerçeve yerleştirin. İnanç ve istek renk sembolü ile birleşince bereket ve bolluğun kapısı açılacak, maddenin akışı sağlanacaktır.

Renkler hayatımızın parçası. Peki renklerin hayatımızı nasıl etkilediğini biliyor musunuz? Renk seçiminin kimi zaman karakterimizi yansıttığından ya da seçtiğimiz rengin bize olumlu ve olumsuz etkileri olduğundan haberiniz var mı?

KIRMIZI: Bu renk canlılık ve dinamizmle ilgili bir renktir. Mutluluğu temsil eder. Kırmızı renk, fiziksel olarak; ataklığı, canlılığı ve duygusal bağlamda; bir işi sonuna kadar götüren azmi ve kararlılığı gösterir.

İştah açar. O yüzden dünyadaki gıda firmalarının çoğu logosunda kırmızıyı kullanır. Kırmızı tansiyonu yükseltir, kan akışını hızlandırır. Yanlış bir inanış vardır; boğaların kırmızıya saldırdığı sanılır. Oysa boğalar renk körüdür. Kırmızıya değil, kendilerine sallanan koyu renkli beze saldırır.

YEŞİL: Duygusal olarak bizi en çok etkileyen bir organımız olan kalp organının , bu rengin yaydığı enerji alanında olduğu düşünülür. Doğanın ve baharın rengidir. Güven veren renktir. O yüzden bankaların logolarında hakim renktir. Yeşil yaratıcılığı körükler. Bu yüzden büyük lokanta mutfaklarında yeşil tercih edilir. Hastanelerde de yeşil rahatlatıcı özelliği nedeniyle kullanılır. Yeşil alanda insanların daha az mide rahatsızlığı çektiği saptanmıştır.

SİYAH: Duygusallığı ve hüznü simgeler. Gücü ve tutkuyu temsil eder. Bizde ve batıda siyah matemi temsil ederken, Japonya'da siyah mutluluktur. Siyah fonda kullanılırsa karamsarlığı çağrıştırır. Einstein konsantre olabilmek için perdeleri siyah, gün ışığı olmayan odaları tercih ederdi.

MAVİ: Vücudumuzda boğaz bölgesini yansıtan bir renktir. Mavi renk gökyüzünün ve geniş ufukların, denizin simgesidir. Sınırsızlığı ve uzak bakışlılığı simgeler. Huzuru temsil eder ve sakinleştirir. Araplar mavinin kan akışını yavaşlattığına inanır, nazar boncuğu o yüzden mavidir. Batıda intiharları azaltmak için köprü ayaklarını maviye boyarlar. Duvarları mavi olan okullarda çocukların daha az yaramazlık yaptığı saptanmıştır.

LACİVERT: Kozmik renk olarak kabul edilir; sonsuzluğu, otoriteyi, verimliliği simgeler. O yüzden dünyadaki firmaların yarıdan fazlası logolarında laciverdi kullanır. Lacivert giyen kişiler kendilerini çok daha karizmatik ve inandırıcı hissederler. İnsanların üzerinde başarılı ve güçlü imajı bırakır.

MOR: Eskiden beri ihtişam ve lüksün son basamağı olarak düşünülür. Tarih , yüksek sınıfların, saray mensuplarının daima morla bezendiklerini kaydeder. Nevrotik duyguları açığa çıkardığından, insanların bilinçaltını korkuttuğu saptanmıştır. İntihar edenlerin beğendiği renktir.

PEMBE: Uyum, neşe, şirinliğin ve sevginin simgesi. Rahat hissettiren ve dinlendiren bir renktir. Bu yüzden bazı büyük mağazalar tezgahtarlarına pembe üniforma giydirir ki, müşteriler kendilerini rahat hissetsin diye. Pembe aynı zamanda çocuk rengidir.

SARI: Sarı zeka , incelik ve pratiklikle ilgilidir. Toplumsal yaşamı ve birlikte çalışmayı yansıtan bir anlamı vardır. Geçiciliğin ve dikkat çekiciliğin sembolüdür. Dikkat çekiciliğinden dolayı dünyada taksiler sarıdır. Sarı ayrıca hüzün ve özlemin rengidir. Sonbaharın tüm hüzünlü güzelliğinde onun her rengini izlemek mümkündür.

BEYAZ: Temizliği ve saflığı temsil eder. İstikrarı, devamlılığı simgeler. Politikacılar beyazı pek severler, çünkü temiz, dürüst izlenimi vermek isterler...

KAHVERENGİ: Gerçekçiliğin, plan ve sistemin rengidir. Kansas Ünv.'de bir sergide, duvarların rengi değiştirilebilir hale getirilmiş. Fonda beyaz kullanıldığında insanlar sergide yavaş hareket etmiş. Fon kahverengiye döndüğünde ise insanlar müzede daha çok yeri daha az zamanda gezmişler. Kahverengi insanı hızlandırır. Bu yüzden fastfoodlar iç mekanda kahverengi kullanır. Kahverengi toprak rengidir. Kıyafetlerde pek tercih edilmez, çünkü kahverengi giyen insanlar kalabalıkta dikkat çekmezler.

5 ELEMENT

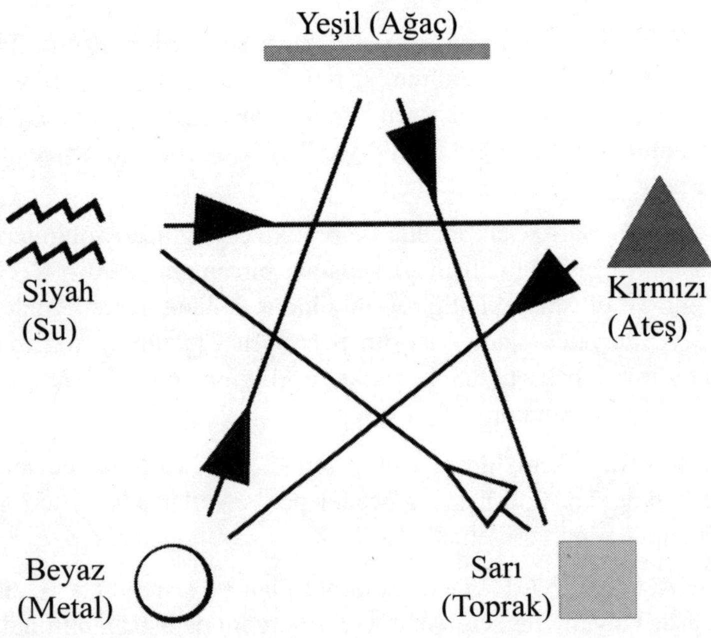

5 ELEMENT

Yunanlılar elementleri Su, Rüzgâr, Hava ve Ateş olarak dörde ayırırlarsa da Çinliler beş element ile varoluşu tanımlarlar.

Çin inanışına göre, evrendeki her şey beş elementten oluşur ve bunlar maddi dünyanın temelidir. Bu elementler Ağaç, Ateş, Toprak, Metal ve Su'dur. Bunlar dinamik bir denge ve karşılıklı ilişki içinde bulunurlar. Bu durum, onların sürekli hareket ve değişme durumunu belirler. Bu sistemdeki elementler, bir sonraki elementin gelişmesine yardım eder ve onu aktif faaliyetler gerçekleştirmeye teşvik eder.

Ağaç; büyümeyi ve gelişmeyi sembolize eder. Çabuk bir şekilde değişme, ekşi tat, yeşil renk vb. olarak eşyaları ve olayları birleştirir.

Ateş; azami gelişmeyi sembolize eder ve yüksek ısı derecesini, yukarıya doğru hareketi, kırmızı rengi, acı tadı karakterize eder.

Toprak; olgunluk dönemini sembolize eder, rutubeti, tatlı tadı, sarı rengi vb. karakterize eder.

Metal; solma dönemine uygundur ve kuruluğu, keskin tadı, beyaz rengi karakterize eder.

Su; en az aktif olandır ve uçuculuğu, tuzlu tadı ve kırmızı rengi karakterize eder.

ELEMENT	ÖZELLİKLERİ	GEZEGEN
AĞAÇ	Büyüme, Yaratma ve Beslenme Süreci	JÜPİTER
ATEŞ	Eylem, Motivasyon ve Kültür	MARS
TOPRAK	Denge, Katı, Güven ve İtimat	SATÜRN
METAL	Mal Varlığı ve Parasal Başarı	VENÜS
SU	Açıklık, İletişim ve Fikir Alışverişi	MERKÜR

Çin inanışına göre insanlar tüm elementlerden meydana gelmelerine rağmen, elementlerden biri kişide etkindir. Bu element kişinin tipini, davranışlarını, mesleğini etkiler.

Burada önemli olan elementlerin kişiye dengeli bir şekilde dağılmasıdır. Elementler dengedeyse problem yoktur ancak eğer elementlerden biri eksikse, o kişi eksik elementini bulmalı ve kendi kendisine tamamlamalıdır.

Oysa bazı kişiler kendilerinde eksik olan elementi başkasında arar ve onunla evlenir. Bu evlilik başta iyi gözükmesine rağmen zamanla kişinin kendi kendini tamamlamamasından dolayı problemlere yol açar.

1. SU: FİLOZOF

Beli ince olup, kalçalı olan hanımlarda su elementi baskındır. Zayıf ya da şişman olabilirler ama şekilleri feminendir. Erkekleri ise kalın kemikli insanlardır. Örneğin: Halterciler.

Su olan insanlar daha çok yalnız olmayı, düşünmeyi severler. Daha çok koyu renkleri tercih ederler. Ama uzun zaman koyu renk giyerlerse depresif olurlar, bu tip insanlar renklerine kırmızıyı eklemelilerdir. Bordo renk onlar için iyidir.

Su, kış mevsimini gösterir. Tohum gibi fikirleri içine çeker ve olgunlaşınca ortaya çıkarır. Deniz suyu onlara iyi gelir. Yazın, serin yerleri severler. Evlerinde, mavi renk onlara iyi gelir. Güneşte çok duramaz, gölge severler. Depresif olunca, su kenarına gitmelidirler. Su insanlarının evlerinde keskin hatlar yoktur. Giriş kapısı bile nerede bilemezsiniz.

Su, her zaman bir seviyede kalmaya çalışır, seviye bulmaya çalışır. Bu insanlarda hayatları boyunca dengede olmayı isterler.

Renkleri: Lacivert, siyah, yeşil, mavi. Deniz renkleri onlara iyi gelir.

Yoğun bir günden sonra, eve gidip dinlenmek isterler.

Genelde siyah, uzun elbiseler giyinmeyi severler.

2. AĞAÇ: FETHEDİCİ

Ağaç insanı, gizemli yerlerden hoşlanır. Rengi yeşil ve mevsimi ilkbahardır.

Ağaç insanları, daha sessiz sakin olmak için su elementi renklerini giymelidir; iş yerlerinde de yeşil renk kullanmalıdır. Eski yeşil koltuklar, bitkiler... Yeşil çarşafta uyanırlarsa sabah işe rahat gidebilirler. Kırmızı çarşaf onları yorar.

Koyu renk parke ve lambriler yorucu olur onlar için. Ağaç insanı; ya upuzun (ağaç gibi) ya da kısa (bodur, maki gibi) olur. Karınları dümdüz olur.

Bu elementin insanları ellerini çok hareket ettirir, kavgaya hazırdır, münakaşa etmeyi severler. Agresiftirler, çok çalışırlar ve herkesten de çalışmalarını bekler. O, tüm gün çalışıp akşam gezer, enerji doludur.

Avukatlık mesleği bu gruba uygundur.

Ağaç insanı, hiçbir işin ucunu bırakmaz. Onlara hiçbir zaman karşı gelemezsiniz, müsaade etmezler. "İlk, tek, en iyisi benim" diye düşünürler. "Başkaları yapamaz, ben yaparım," diye düşünür. Hatalarını bilirler ama söyleyemezler. Onların karakteristik özelliği böyledir.

Tahtanın açık rengi: Metale

Koyu rengi: Toprağa

Yeşilimtrak rengi: Ağaca

Bordo rengi: Ateşe tekabül eder.

İş yerleri ve ofisler için, açık renk veya yeşilimtrak odun iyidir.

Odun insanı iş yerinde yeşil giyinirse ya da çevresine yemyeşil ağaç koyarsa daha verimli olur.

3. ATEŞ: SİHİRBAZ

Ateş insanlarının mevsimleri yazdır.

Bu grubun insanları sihirbazlar gibi size hayal satarlar çünkü onlar için hiçbir şey imkânsız değildir. Ne isterlerse yaparlar, hayalcidirler ama hayallerini gerçekleştirirler.

Ateş insanının kalçaları dardır.

Simgeleri: Sivri olan herşey, üçgenler, hilal, haç, yıldızdır... Yani çoğu dini sembol bu gruba uygundur.

Ateş insanı elleriyle konuşur. Ciltleri parlaktır.

Rengi: Kırmızı ve kırmızının bütün tonlarıdır.

Hep mutludurlar, konuşurlar. Ateşi söndüğünde birden mutsuz olurlar, herşey yarım kalır onlar için. Ateş insanında unutkanlık, konsantre zayıflığı olunca yemeklerine zeytinyağı eklemelidir. Fazla dağınık olmaya başlarsa, koyu renkleri kullanarak yatıştırılmalıdır. Aynı şekilde ateş fazla olursa koyu renkler iyi gelir, ateşi söndürür.

Yeşil, ateş insanını daha çok dağıtır. Su elementinin renklerini kesinlikle giymemelidirler, ateşleri tamamen sönmemelidir.

Ateş insanında kalp çarpıntısı olur, bu koyu renklerle yatışır. Ateş insanı, yalnız olunca mutsuz olur. Çok az süreyle yalnız kalmak ister, bu süre uzarsa depresif olur. Heyecan veren binalar, değişik formlardaki binalar ateştir. Ateş insanı şömine sever.

Ateş insanı için Las Vegas gibi hareketli yerler uygundur. Su insanının tersine sakin yerde oturamaz, tatil yapamaz. Aydınlık ve canlı yerlere ihtiyaçları vardır.

Ateş insanı genelde açık elbiseler giymeyi sever. Eve gelir gelmez ilk yaptığı iş soyunmak, serbest kalmaktır.

4. TOPRAK: BARIŞÇI

Rengi: Sarı ve tüm toprak renkleri, mevsimleri ise yaz sonudur.

Baldırları olan insanlardır. Kısa ağır, dikdörtgenimsi yapıları vardır. Çok doğaldırlar. Bacakları vücutlarına göre kısadır, toprağa yakındır. Erkeklerin, pazuları ve biraz da göbekli olur. Madeline Albright toprak insana iyi bir örnektir.

Toprak insanı herşeyin rahatını sever. Kolleksiyonculardır daimî bir şekilde hatıra toplarlar.

Toprak, etrafında çok şey olsun ister. Eğer ondan birşey alırsanız rahatsız olur. Hareket etmeyi sevmez, evden çıkmak istemez.

Okula gitmek istemeyen çocukların çoğu toprak çocuklardır.

İki katlı veya tek katlı ev severler.

Odun-toprak: Fiziksel enerjiyle çalışır.

5. METAL: SİMYACI

Çok detaycı ve ince kemikli insanlardır. Altın, gümüş gibi pahalı eşyalar severler. Sofistike zevkleri vardır. Detaycılardır ve ince kristaller onlara iyi gelir. Geçmiş ve gelecek arasıda köprü görevi görürler. Ayrıca plastik eşyaları ve ışıldayan objeleri sever.

Renk: Pastel renkler.

Metal insanları spritüel, zihinsel enerjiyle çalışır. Parayı sever ve çeker.

Metal insanı futuristiktir, bilgi sever.

Pilotluk bu tip insanlar için idealdir.

Metal insanı, fiziksel iş yapmak istemez, yorulur fakat zihinsel işlerde yorulmaz.

Metal: EMREDER, Ağaç: ORGANİZE EDER. Kitaplıktaki kitaplar açık duruyorsa Ağaç insanının kitaplığıdır. Kitaplar camın arkasındaysa, Metal insanınıdır. Odun, kitapları sıraya koyar, daima organize eder. Toprak dağınıktır. Metal ise dağınık olmasına rağmen düzeni sever. Vakti olmazsa her şeyi dolabın içine atıp kapağını kapar. Kendi toplayamasa bile muhakkak toplatır.

Metal, minimalist bir estetik beğeniye sahiptir, çok eşyada yorulur.

Ateş, metali eritir. Tüm elementlerin böyle besleyici ya da yok edici etkileri vardır. Böylelikle birbirinize yardım da edebilirsiniz, yok da edebilirsiniz.

İnsanın organizmasının içinde bulunan organlar elementlere göre aşağıdaki gibi bölünürler.

Ağaç: Karaciğer ve safra kesesi;

Ateş: Kalp ve ince bağırsaklar, perikard, insanın vücudunun üç ısıtıcı;

Toprak: Dalak ve mide ardı doku;

Metal: Akciğer ve kalın bağırsak;

Su: Böbrekler ve idrar kesesi aittirler.

Elementler ve ilişkiler

TEŞVİK

Ağaç, Ateş'i teşvik eder;

Ateş, Toprak'ı teşvik eder;

Toprak, Metal'i teşvik eder;

Metal, Su'yu teşvik eder;

Su, Ağaç'ı teşvik eder.

SINIRLAR

Ağaç, Toprak'ı sınırlar;

Toprak, Su'yu sınırlar;

Su, Ateş'i sınırlar;

Ateş, Metal'i sınırlar;

Metal, Ağaç'ı sınırlar.

Doğuş ve Evrim Kanunu

Ağaçları su ile büyürler. Şayet iki kuru ağaç dalını birbirine sürtersek, onlar ısınırlar ve böylece sembolik olarak ateş doğar. Ateşi ağaca yaklaştırırsak, ağaç yanarak toprağı sembolize eden küle dönüşür. Toprağın ısı süreçleri neticesi sert elementler doğar ki bunlar sembolik olarak Metal olarak adlandırılırlar. Ateş Metali eritir ve onu sıvıya veya sembolik olarak suya dönüştürür. Şayet Ağacı, Metal ile temas ettirirsek, Metal sahip olduğu sertlik özelliği ile Ağacı keser. Bu durum Metalin Ağaçtan üstün olduğunu, Ağacın ise Metale tabi olduğu anlamını taşır. Bu duruma bağlı olarak, Suyun da -Ateşi söndürebildiği için- Ateşten üstün olduğunu söyleyebiliriz. Toprak, Suyu çevrelemektedir, demek oluyor ki ondan üstündür, ancak Toprak, Ağaçtan üstün değildir, çünkü Ağacın kökleri Toprağı delerek onun içine girmektedirler. Ateş, Metali eritir ve bu şekilde ondan üstündür. Bu nedenle aşağıdaki sonuçları çıkarabiliriz:

Ağaç, Toprak'tan üstündür, ancak Metal'e tabidir;
Ateş, Metal'den üstündür, ancak Su'ya tabidir;
Toprak, Su'dan üstündür, ancak Ağaç'a tabidir;
Metal, Ağaç'tan üstündür, ancak Ateş'e tabidir;
Su, Ateş'ten üstündür, ancak Toprak'a tabidir.

Evrim kanunun yanı sıra destruksiyon (yapısal dağıtım) kanunu da mevcuttur. Bu hususta örnek olarak Ağacı alacağız. Şayet Ağacın gücü fazla ise, Toprağı bozar, dağıtır. Şayet Toprak varolmak ve yaşamak isterse, o zaman Ağacın çok güçlü olmaması gerekir. Bu durum diğer elementler uyumludur. Ateş çok güçlü olmamalıdır, aksi takdirde Metali bozacaktır. Yeterli miktarda Suyun mevcut olması için Toprak çok "sert" olmamalıdır. Metal aşırı derece sert olmamalıdır, aksi takdirde Ağaç büyüyemeyecektir. Ateşin normal bir şekilde yanabilmesi için Su çok bol olmamalıdır. 'Kışkırtma' olarak adlandırılan bir kanun da mevcuttur. Bu kanun, çelişkiler, hâkimiyet, yönetme ve destrüksiyon (dağıtma) kanununu tamamlar. Normal şartlarda Ağaçlar, Topraktan üstündür. Şayet Ağaç az gelişmiş olursa, böyle bir durumda Toprak onu yok edebilir. Burada şu Hint atasözünü anımsayalım : "Filin başı belada olduğu zaman, ona kurbağa bile yol verir." İşte bu olay diğer elementlerle de oluşur. Örneğin, Ateş normal şartlarda Metali yönetir, ancak Ateşin zayıflaması durumunda Metal ona şantaj yapar veya ondan nefret eder. Genel olarak Toprak, Suyu yönetir ancak Toprağın zayıflaması durumunda, Su onu "incitmeye" başlayabilir. Su, Ateşten üstündür, ancak o zayıflarsa veya miktarını azaltırsa, o zaman Ateş ona "şantaj" yapabilir.

MEDİTASYON

"Derin Düşünme" anlamına gelen Meditasyon "kişinin kendi gücünün farkındalığı ve öz varlığını keşfetmesine olanak tanır.

Meditasyon sürecinde zihne ilham dolar, sezgisel bilgi akmaya başlar ve kişinin bilinci doruklara ulaşarak öz benliğiyle ilişki kurabilir. Meditasyon ile irade, kararlılık, yaşam coşkusu gibi pekçok üst noktanın açılması sağlanır. Kişinin hayata bakışı değişir, benliği yükselişe geçerek sahip olduğu değerleri keşfeder. Kendine güven ve duygusal olgunluk sağlanır.

Toplu seanslarda veya tek katılımlarla Meditasyon çalışmaları yaparak, "sahip olduğunuz enerji gücünün" doruklarını yaşama şansını görebilirsiniz.

Meditasyon bölümünü özellikle kitabın son sayfalarına koymamın nedeni, kendi meditasyonunuzu kendiniz yaratmanız içindir.

Meditasyon yoğunlaşarak yapılır. Ancak burada dikkat etmeniz gereken nokta yoğunlaşmanın zorlamayla değil, doğal bir şekilde olmasıdır. Nefes üzerine yapılan meditasyon uygulamasının temeli, nefes alış verişinin bilinçle izlenmesidir. Görsel meditasyon açık gözle ya da kapalı gözle de yapılabilir. Herhangi bir obje meditasyonun konusu olabilir. Bir çiçek, bir taş ya da hoşunuza giden herhangi bir objeyle gerçekleştirilebilir. Ayrıca mum, tütsü ve müzikle yapılan meditasyonlar daha kolay derinleşme ve içselleşmenizi sağlayabilir. Çakra meditasyonu yapacaksanız renklerden, taşlardan, mantralardan yararlanabilirsiniz.

Bin yapraklı lotus meditasyonu ise bize her şeyin birbirine bağlı olduğu, aslında hiçbir şeyin evrenin kalan kısmından ayrı olmadığı düşüncesini yaratır. Lotus çiçeği aydınlanmayı sembolize eder. Onun kökleri çamurdadır ama çiçekleri su yüzünde açar ve güzelliklerini ortaya koyar.

Tansiyonu düşür
Kargaşayı yok et
Alışılmış düşünceden sıyrıl
Sağlıklı ol

Düşüncelerinin akmasına izin ver
Analiz yapma
Cevap arama
Sana doğal yoldan gelecektir
Kendini zorlama

Vücudunu gevşet
Düşünceni serbest bırak
Telaştan kurtul
İçselleş
Dışsallığı iptal et

İç huzuru
Sakin
Stressiz
Dingin
Barışçıl
Sessiz
Sağlıklı
Enerji dolu
Anksiyetesiz
Düşük tansiyon

Barış
Eğlence
Denge
Merhamet
Düşüncelilik
Sakinlik
Duygusallık
Bilinç
Anlamak

Nefes al
Yavaş
Zorlama
Derin
Sakin

Özel yeteneğe ihtiyacın yok
Kolaylıkla dene
Bilinç düşünmeyi sever
Kabule geç
Sessiz bir yerde otur ya da yat
Rahat ol
Dinlen

Kızgınlığı bırak
Direnci azalt
Endişeyi bırak
Düşmanlığı bırak

SON SÖZ

İstemek, "İstiyorum" demek değil,
harekete geçmektir.

A.MAURROIS

Ceplerindeki son parayı da harcamışlardı.

Biraz olsun hava alabilmek ve üzerlerine çöken kara bulutlardan sıyrılabilmek için sahile atmışlardı kendilerini.

Adam, karısı ve henüz 3 yaşında bir çocuk İstanbul'un görkemli ve mağrur kıyısında umutsuzca yürüyorlardı.

Çocuk "Baba su" diye yakındı.

Adam cebini yokladı, köşede su satan çocuğa yanaştı.

"Bir su verir misin?"

Satıcı suyu uzatmış, adamın minik oğlu ise çoktan susuz dudaklarına dayamıştı plastik şişeyi...

Ama suyun fiyatı bin liraydı. Adamın cebinden beş yüz lira çıkmıştı. "Hadi bununla idare et" dedi. Satıcının ikna olmaya niyeti yoktu.

"Paramı ver!"

Adam yokluğun utancıyla "Hadi be oradan" diyerek satıcıya bir tokat patlattı. Öfkeyle karısı ve çocuğunu koluna takıp yoluna devam etti. Birkaç adım atmışlardı ki, satıcının yakınları hemen yanı başında bitiverdiler.

Yanında çocuğu ve karısı olduğuna aldırmaksızın adamı kıyasıya dövdüler.

Şimdi artık hem parasız, hem de umutsuzdu.

Adam burnundan akan kanı temizlerken "Artık son basamaktayım." dedi kendi kendine, "Bundan daha dibi yok."

Gözüne hemen yanı başlarında duran pahalı bir otomobil ilişti. Ezilmiş erkeklik gururuyla karısına baktı ve seslendi "Karıcım bir gün bu arabadan alacağım sana!"

Karısı acı acı gülümsedi.

* * *

O günden sonra önce kadın Türkiye'nin en tanınmış isimlerinden biri oldu. Ardından adam, o söz verdiği arabayı karısına aldı. Evren bütün cömertliğiyle istedikleri her şeyi onlara armağan etti.

İçlerindeki Gücün Sırrını Keşfetmişlerdi.

* * *

O adam, benim kocamdı.

O gün çaresizlik içinde bir çocuğuyla kıvranan ise ben Nuray Sayarı.

Yaşadıklarımız kendi elimizde mi, yoksa kader mi?

İnsanın kendisiyle yüzleşmesinin romanı.

SELDA TEREK

"Ne kadar hüzün ve imkansızlık varsa..."

AŞK O KADAR AŞK

DESTEK

Zaten hep iki yüzü yok muydu gerçeğin?